Manfred Böckl · *Der Mühlhiasl*

Manfred Böckl

Der Mühlhiasl

Seine Prophezeiungen

❋

**Sein Wissen um Erdstrahlen,
Kraftplätze und Heilige Orte**

❋

Sein verborgenes Leben

Mit Zeichnungen
von Wilhelm Manfred Raumberger

Buch & Kunstverlag Oberpfalz

Die Deutsche Bibliothek - CIP-Einheitsaufnahme

Böckl, Manfred:
Der Mühlhiasl : seine Prophezeiungen ; sein Wissen
um Erdstrahlen, Kraftplätze und heilige Orte ; sein
verborgenes Leben / Manfred Böckl. Mit Zeichn.
von Wilhelm Manfred Raumberger. – Amberg :
Buch- und Kunstverl. Oberpfalz, 1998
    ISBN 3-924350-70-1

© 1998 Buch & Kunstverlag Oberpfalz
Wernher-von-Braun-Straße 1, 92224 Amberg
Zeichungen und Umschlaggestaltung:
Wilhelm Manfred Raumberger, Amberg
Herstellung: Druckhaus Oberpfalz, 92224 Amberg

ISBN 3-924350-70-1

KAPITELVERZEICHNIS

Ein ganz neuer Ansatz zur Mühlhiasl-Forschung

Der berühmteste bayerische Prophet weissagte bevorzugt auf einem Berg mit dem geheimnisvollen Namen Rabenstein. Er „stand Kreuzwege", war im Besitz eines „Erdspiegels" und wußte um die Bedeutung der Kanzel in der uralten Windberger Klosterkirche. Sein rätselhafter Wanderstab, der bis auf den heutigen Tag erhalten blieb, zeigt die Symbole der „Dreifachen Göttin". All dies weist darauf hin, daß der Mühlhiasl sehr bewußt aus jahrtausendealtem Wissen schöpfte – und daß diese Weisheit es war, die ihn zu seinen sowohl faszinierenden als auch erschreckenden Vorhersagen befähigte.

Der Bayerwaldprophet ist damit bedeutend mehr gewesen als lediglich ein einfacher Müller, Hirte und Kohlenbrenner, wie die bisherige Mühlhiasl-Forschung ihn darstellte. Vielmehr wird in der vorliegenden Abhandlung aufgezeigt, daß er in einer sowohl metaphysischen als auch fundiert naturwissenschaftlichen Tradition stand, die letztlich bis in die Keltenzeit zurückreicht.

Keiner der Autoren, die in den letzten Jahrzehnten über den Waldpropheten schrieben, stellte sich die Frage nach dem geheimen Wissen und den damit verbundenen speziellen hellseherischen Praktiken des Mühlhiasl. Dies ist freilich kein Wunder, denn erst heute, da man sich wieder mehr auf die Natur besinnt, kehrt allmählich die Erinnerung an diese lange verschollenen oder unterdrückten Kenntnisse früherer Eingeweihter zurück.

Erst seit kurzem beschäftigt man sich wieder mit Geomantie, Erdstrahlen, Kraftorten, Steinsetzungen, hei-

7

ligen heidnischen Plätzen und deren Auswirkungen auf die zumeist verborgenen menschlichen Fähigkeiten – wie etwa die der Zukunftsschau. Nur dieser besondere Blickwinkel aber ermöglicht es, den Mühlhiasl sozusagen ganzheitlich und damit in seiner vollen Bedeutung zu erkennen. Der Seher bekommt dadurch ein zweites Gesicht, welches nicht mehr bloß das eines einfachen Müllers, Vagabunden und Tagelöhners ist, und allein auf diese Weise ist das Geheimnis seines Lebens tatsächlich zu begreifen.

Aber auch im Hinblick auf seine historisch zweifelsfrei gesicherte Existenz konnten neue Erkenntnisse gewonnen werden. So rätselte man bislang ergebnislos über das Todesjahr des Mühlhiasl – aufgrund erst kürzlich publizierten Urkundenmaterials ist es nunmehr möglich, es festzuschreiben. Weiter wird die These widerlegt, wonach es in Wahrheit überhaupt keinen Waldpropheten Mühlhiasl gegeben habe.

Selbstverständlich bringt ein eigenes Kapitel die Vorhersagen des Hellsehers in ihrem vollen Umfang. Es wird ferner dargestellt, welche Prophezeiungen bereits eingetroffen sind und welche noch ausstehen. Auf dieser Basis wiederum wird sodann das Szenario eines möglichen „Großen Weltabräumens" entwickelt, das vielleicht schon in naher Zukunft Wirklichkeit werden könnte, falls die Menschheit nicht umkehrt.

Doch zunächst ein Abriß über die geschichtlich gesicherte Identität des Matthäus Lang aus Apoig bei Hunderdorf im Vorwald, der im Volksmund Mühlhiasl genannt wurde.

8

Das historisch gesicherte Leben des Mühlhiasl

Das Geburtsjahr des Propheten ist in einem Taufbuch des Prämonstratenserklosters Windberg (nordöstlich von Straubing im Vorwald gelegen) dokumentiert. Die Eintragung erfolgte wenige Jahre nach Beendigung des Österreichischen Erbfolgekrieges (1741 – 1748), der auch Bayern schwer in Mitleidenschaft gezogen hatte. Am 16. September 1753 wurde das fünfte Kind der Müllerseheleute Mathias und Maria Lang aus dem nahen Flecken Apoig auf den Namen Matthäus getauft. Der Windberger Pater, der die Zeremonie vornahm und von dem auch der Vermerk im Kirchenbuch stammt, hieß Johann Nepomuk Altmann.

Auf der Mühle seiner Eltern in Apoig (heute ein Ortsteil der Gemeinde Hunderdorf unweit des Klosterberges) wuchs Matthäus auf. Das Gebäude hat sich erhalten, es steht am Ende des „Mühlhiasl-Weges" und ist an seinem ungewöhnlichen vorgezogenen Giebelanbau über der Haustür sofort zu erkennen. Bei seinem Vater und vielleicht auch bei Verwandten auf der sogenannten „Unteren Klostermühle", die sich direkt in Windberg befindet und ebenfalls überdauert hat, erlernte Matthäus das offenbar in der Familie vererbte Handwerk.

Am 23. Dezember 1778 übernahm er die Apoiger Mühle, die auch als „Obere Klostermühle" oder „Stoaberger Mühle" (nach der zuständigen weltlichen Herrschaft Steinberg) bezeichnet wurde. Als Pächter war der fünfundzwanzigjährige Matthäus Lang nun den Windberger Mönchen zins- oder steuerpflichtig. Er mußte Mehl für die Patres liefern, durfte nebenher

10

aber auch auf eigene Rechnung arbeiten. Einfach war es für ihn sicher nicht, auf diese Weise seinen Lebensunterhalt zu verdienen, denn die hohen Abgaben an das Kloster belasteten den Betrieb arg. Außerdem wurde das Anwesen immer wieder von schweren Überschwemmungen heimgesucht, wie zeitgenössische Quellen melden.

Vielleicht heiratete Matthäus Lang deshalb erst relativ spät. Am 19. August 1788, jetzt in seinem 35. Lebensjahr stehend, vermählte er sich mit der Bauerstochter Barbara Lorenz aus Racklberg. In den Jahren zwischen 1789 und 1800 wurden dem Paar acht Kinder geboren, von denen freilich nicht alle überlebten. Und 1799 traf die Familie ein weiteres Unglück: Wegen der schlechten Zeitläufte sah Matthäus Lang sich gezwungen, vom Windberger Abt ein Darlehen in Höhe von 75 Gulden aufzunehmen – welche Schulden ihn wenig später um seine Existenz bringen sollten.

Als er nämlich im Jahr 1801 das geliehene Geld nicht zurückerstatten konnte, sprangen die Prämonstratenser ausgesprochen hart mit ihm um. Samt seiner Familie mußte er die Apoiger Mühle verlassen, wurde praktisch von Haus und Hof getrieben. Ein Streit in einer anderen Sache (der Mühlhiasl, wie er mittlerweile im Volksmund hieß, soll angeblich verdorbenes Mehl geliefert haben) ging voraus. Zudem muß es schon vorher Ärger mit den Mönchen gegeben haben, denn die Überlieferung berichtet, diese hätten Matthäus Lang aus der Windberger Kirche gejagt, nachdem er – seltsam genug – die Kanzel habe besteigen wollen. (In einem der folgenden Kapitel wird dazu im Zusammenhang mit seinem Geheimwissen noch einiges zu sagen sein.)

In die Zeit seiner Vertreibung von der „Oberen Klostermühle" fällt auch die erste gesicherte Prophezeiung des Mühlhiasl. Im Zorn über das herzlose Vorgehen der Prämonstratenser rief er ihnen sinngemäß zu: „Ich muß gehen – aber bald werdet ihr selbst aus eurem Kloster rennen müssen! Und aus den Fenstern von Windberg werden Weiber und Kinder herausschauen!" Schon zwei Jahre später, 1803, traf diese Vorhersage ein: Im Zuge der Säkularisation, als die übermächtige katholische Kirche vom Staat teilenteignet wurde, verjagten Soldaten auch in Windberg die Mönche aus ihrer Abtei, und die Gebäude wurden dann von Bedürftigen aus der Umgebung bezogen.

Bereits 1801 jedoch war Matthäus Lang heimatlos und damit, zumindest nach außen hin, zum Vagabunden und Wanderarbeiter geworden. Entweder ganz oder vielleicht zunächst nur periodisch hatte er sich von seiner Familie getrennt und durchstreifte nun den Bayerischen- und den Böhmerwald. Zahlreiche Orte, wo er auftrat und Prophezeiungen abgab, werden in der Volksüberlieferung genannt; ein Schwerpunkt kristallisiert sich dabei im Zwieseler Winkel heraus. Vor allem im Dorf Rabenstein unterhalb des Hennenkobel, wie der Berg heute heißt, hielt er sich zweifellos sehr häufig auf; verbrachte in dieser Gegend einen großen Teil seines restlichen Lebens.

Freilich war er hier nicht länger als Mühlhiasl bekannt. Vielmehr wurde er als einer, der aus der Herrschaft Steinberg im Vorwald stammte, mundartlich „Stoaberger" gerufen. Daraus bildete sich später sein im Hinteren Wald bekannter zweiter Name Stormberger; das Dialektwort wurde in der Literatur über ihn hochdeutsch eingefärbt.

Auch die Buchinger-Leute, deren Nachfahren bis in die unmittelbare Gegenwart herauf in ihrem kleinen Anwesen zu Rabenstein lebten, nannten ihn so. Hier ist die Erinnerung an ihn hautnah greifbar; selbst der Platz hinter dem Ofen, wo der große Hellseher des

Bayerwaldes oft kauerte, ist in jenem Haus unvergessen geblieben. Und vom Dorf Rabenstein aus ging der „Stormberger" auch seinen hauptsächlichen Tätigkeiten ab etwa 1801 nach. Für das Kißling`sche Glashüttengut arbeitete er als Kohlenbrenner und hütete zwischendurch auf den Schachten (Hochweiden) des Hennenkobel oder des Hengstberges die Rinder der Waldbauern.

Die meisten seiner Prophezeiungen (kenntlich an den darin verwendeten typischen Bildern, die nur im Waldgebirge entstanden sein können) fallen in diese Zeit. Der Hellseher raunte sie in den Bauernstuben der Gegend; sie fielen beim Zusammentreffen mit anderen Hüttenknechten, Hirten, Fuhrleuten oder wandernden Handwerksburschen – und bei wenigstens einer Gelegenheit (auch davon später) sorgte der Mühlhiasl selbst in der Zwieseler Kirche für erregtes Aufsehen. Die Ohrenzeugen wiederum gaben seine Vorhersagen unter sich weiter und machten sie dadurch noch zu seinen Lebzeiten zum Volksgut des Bayerischen- und Böhmerwaldes – bis hin zu seiner letzten, in welcher der Mühlhiasl die genauen Umstände seines eigenen Leichenbegängnisses prophezeite.

„Als Toter komme ich euch noch einmal aus!" sagte der bereits hinfällige Seher im Buchinger-Häusl von Rabenstein. Nachdem er verstorben war, lud man den Sarg auf ein Ochsenfuhrwerk und karrte ihn über Klautzenbach nach Zwiesel, wo Matthäus Lang seine letzte Ruhestätte finden sollte. Auf der Hammerbrücke am Stadtrand (wo bis heute die alte Hammermühle zu sehen ist) brach eine Wagenachse. Die Totenkiste des Mühlhiasl stürzte herunter und sprang auf – der Verstorbene reckte wie zum Abschied den Arm aus dem Sarg.

Beerdigt wurde der Mühlhiasl laut Überlieferung

außerhalb der Mauer des alten Zwieseler Friedhofs, der nicht mehr existiert. Die Stelle, wo sich das Grab befunden haben muß, ist jedoch bekannt: der Platz im oberen Drittel des Stadtplatzes, wo heute das Kriegerdenkmal steht.

Bettelarm beendete Matthäus Lang sein Leben, und seine letzte Ruhestätte war die eines verachteten Menschen. Denn nur Mittellose, Selbstmörder, tot geborene Kinder oder Ungetaufte wurden im Bayern der damaligen Zeit außerhalb der Friedhofsmauer beigesetzt. Worin die Gründe für das „schändliche" Begräbnis des Mühlhiasl genau lagen, ist nicht dokumentiert. Doch die Ursache könnte durchaus darin gelegen haben, daß er dem Zwieseler Pfarrer schon immer ein Dorn im Auge gewesen war, weil er im Leben eine nichtchristliche Weltanschauung vertreten und – das wieder ist gesichert – die Kirche angegriffen hatte. Wir werden später auch darauf ausführlich zu sprechen kommen; zunächst aber noch ein paar Worte zu seinen Hinterbliebenen, denn aus der Beschäftigung mit ihnen ergibt sich die Möglichkeit, sein Todesjahr zu eruieren.

Nachdem Matthäus Lang im Jahr 1801 oder auch etwas später aus dem Vorwald bei Windberg in den Zwieseler Winkel abgewandert war, hielten seine Gattin Barbara und die Kinder sich vermutlich zunächst eine Weile bei den Eltern Barbaras in Racklberg auf. Anschließend bot sich ihnen die Möglichkeit einer neuen Existenz in Straubing, wo ebenfalls Mitglieder der weitverzweigten Lang-Sippe lebten.

Zusammen mit einem gewissen Mathias Lang, der ein Jahr jünger als Matthäus Lang, der Mühlhiasl, war (und nicht mit diesem verwechselt werden darf, so wie der Frauenauer Volkskundler Dr. Reinhard Haller dies in einem seiner Bücher tat), betrieb Barbara dort am Leichenweg nach St. Peter eine kleine Gärtnerei,

14

wie von Dr. Haller publizierte Urkunden der Stadt Straubing beweisen. Barbara war Mitinhaberin dieses Betriebes, so daß – rechtlich gesehen – auch ihr im Hinteren Wald lebender Gatte Matthäus Lang Teileigentümer der Gärtnerei gewesen sein muß. (Dieser letzte Fakt wird im nächsten Kapitel, in dem die Haller-These von der Nichtexistenz des Mühlhiasl widerlegt wird, noch wichtig werden.)

Bis 1805 bewirtschafteten nun jener Mathias Lang und Barbara ihre Gärten gemeinsam. Als Mathias Lang im genannten Jahr starb, ging der Besitz an Barbara Lang über. Bis 1809 taucht sie allein unter ihrem Familiennamen in den Einwohnerlisten der Stadt Straubing auf; ab jenem Zeitpunkt wird sie als Witwe geführt. Und damit wiederum ist das Ableben ihres Gatten Matthäus Lang, des Mühlhiasl, festgemacht.

Irgendwann im Jahr 1809 muß der Waldprophet in Rabenstein verstorben und seine Witwe in Straubing von seinem Tod benachrichtigt worden sein.

Der „falsche Mühlhiasl"
des Dr. Haller

Die Existenz des Waldpropheten ist tief in der Volksüberlieferung verwurzelt; historische Nachforschun-
gen stellen zudem zweifelsfrei klar, daß Matthäus
Lang (1753 bis 1809) der Mühlhiasl war. Trotzdem
bestreitet der Volkskundler Dr. Reinhard Haller in seiner Ende 1993 erschienenen Arbeit „Mühlhiasl – Vom
Leben und Sterben des Waldpropheten" das Wirken
des Hellsehers und behauptet, es habe nie einen Bay-
erwaldpropheten dieses Namens gegeben.
Nach der Lektüre von Hallers Buch kündigte ich in
einem Interview in der „Süddeutschen Zeitung" vom
5./6. Januar 1994 an, daß ich die These des Frauenauer Volkskundlers widerlegen würde. In meinem eigenen Werk „Propheten, Seher und Auguren" (Herbst
1994 Dingfelder Verlag, Frühjahr 1998 Goldmann
Taschenbuch) habe ich dies im Kapitel „Der Mühlhiasl lebte!" getan.
Meine damalige Arbeit fand sehr viel Zustimmung
bei anerkannten Mühlhiasl-Forschern wie etwa Dr.
Rupert Sigl aus Straubing und „Waldlern", die über
den Mühlhiasl bestimmt nicht weniger wissen als
Haller. Sie alle waren mit mir der Meinung, daß der
Frauenauer Volkskundler bei seinen Nachforschun-
gen einem „falschen Mühlhiasl" aufgesessen ist, dessen Lebensdaten sich von denen des echten deutlich
unterscheiden. Hier meine Beweisführung, zu der ich
nach wie vor stehe und mit der die Haller-These ad
absurdum geführt wird.
Zunächst gesteht Dr. Haller in seinem Buch zu, daß
die Lebensdaten des Matthäus Lang, geboren im September 1753 im Kloster Windberg, bis zum Jahr 1801

gesichert sind und die traditionelle Mühlhiasl-Forschung hier nicht irrt. Ab 1801 jedoch, dem Zeitpunkt, da Matthäus Lang sein Anwesen verließ, scheiden sich die Geister. Während die „orthodoxe Lehre" behauptet, daß sich der zahlungsunfähige Müller von seiner Familie trennte und im Bayerischen Wald als Hirte, Köhler und Hellseher lebte, vertritt Haller die Ansicht, daß ebenderselbe Matthäus Lang von Apoig nach Straubing zog, sich dort als ganz gewöhnlicher Bürger niederließ und bis zu seinem Tod im April 1805 zusammen mit seiner Gattin Barbara eine kleine Gärtnerei am Leichenweg nach St. Peter betrieb.

Nun folgert Haller – scheinbar völlig logisch – weiter, daß dieser Lang eben nicht der Waldprophet Mühlhiasl gewesen sein könne, denn er habe sich ja nachweislich nach 1801 gar nicht im Bayerischen Wald aufgehalten, sondern sei vielmehr zu einem Straubinger geworden. Zwar bringt Haller keine Dokumente bei, die beweisen könnten, daß Lang von 1801 bis 1805 tatsächlich ununterbrochen in der Gäubodenstadt lebte, doch immerhin hat der Volkskundler eine Quelle ausgegraben, die Umstände und Datum des Todes *seines* M. Lang genau fixiert. Vor allem an diesem Eintrag im Sterbebuch der Pfarrei St. Peter zu Straubing macht Haller seine These fest, wonach Matthäus Lang ein simpler Straubinger Gärtner ohne hellseherische Fähigkeiten gewesen und 1805 unbeachtet verstorben sei. Den berühmten Propheten Mühlhiasl habe es daher gar nicht gegeben; er sei ein reines Produkt der Volksphantasie, und deswegen könne er nun endgültig zu Grabe getragen werden.

Hier der lateinische Text in den Straubinger Sterbematrikeln, auf dem Haller seine These aufbaut: *„18. April 1805. Obiit Mathias Lang, civ. olitor uxoratus ex pulmonum Tabe 51. annor. ultimis Sacramentis munitus. Sepult. 20. ejusd. ad S. Petrum."*

Die deutsche Übersetzung nach Haller lautet folgendermaßen: „*Am 18. April 1805 ist der verheiratete bürgerliche Gemüsegärtner Mathias Lang, gestärkt mit den letzten Sakramenten, im Alter von 51 Jahren an Lungenschwindsucht gestorben (und) am 20. April zu St. Peter begraben worden.*"

Die Übertragung des lateinischen Textes ins Deutsche ist exakt – von einer Kleinigkeit abgesehen, auf die wir gleich noch zu sprechen kommen werden. Ehe jedoch mit Hilfe dieses Übersetzungsfehlers Hallers These widersprochen werden soll, wollen wir uns einmal die Vornamen des Mühlhiasl und des Toten vom Straubinger Petersfriedhof näher ansehen.

Zweifelsfrei war der Mann, der in der Volksüberlieferung als Waldprophet lebendig geblieben ist, auf den Rufnamen Matthäus getauft. So steht es in den Klosterbüchern von Windberg; es ist nicht daran zu rütteln. Der Straubinger Gärtner hingegen, auf den sich Haller bezieht, heißt in den Sterbematrikeln Mathias. Hier liegt ein erster Widerspruch, der freilich von dem Frauenauer Volkskundler noch relativ leicht kaschiert werden kann. Haller unterstellt einfach, daß der Eintrag ins Straubinger Sterbebuch schlampig erfolgte. Schließlich klängen die Namen Matthäus und Mathias ähnlich; da könne ein solcher Flüchtigkeitsfehler schon einmal vorkommen.

Diese Erklärung wäre sogar mehr oder weniger nachvollziehbar – aber nur dann, wenn sich Matthäus und Mathias Lang eben nur durch ihre Vornamen unterscheiden würden. In Wirklichkeit ist es aber so, daß es noch eine zweite und ungleich gravierendere Diskrepanz gibt, und damit kommen wir zur eigentlichen Widerlegung der Haller-These. Was die verschiedenen Vornamen als Indizien bereits andeuten, wird durch präzises Lesen des Eintrags in den Sterbematrikeln bewiesen: Matthäus Lang aus Apoig, der wahre

Mühlhiasl, kann nicht identisch mit jenem Mathias Lang aus Straubing gewesen sein!

Der entsprechende Passus in den Sterbebüchern besagt: *„Obiit Mathias Lang (...) 51. annor."* – Haller überträgt das, nicht ganz exakt, so, daß jener Lang *„im Alter von 51 Jahren"* gestorben sei.

In Wirklichkeit muß die Stelle *„51. annor(um)"* aber richtig so übersetzt werden, daß Mathias Lang *„im 51. seiner Jahre"* stand, als er beigesetzt wurde. Wer im 51. Lebensjahr steht, kann jedoch logischerweise dieses 51. Lebensjahr noch nicht vollendet haben.

Und nun sehen wir uns noch einmal die Lebensdaten des Matthäus Lang aus Apoig an. Er, der wahre Mühlhiasl, wurde am 16. September 1753 getauft. Im April 1805 hätte er folglich nicht in seinem 51., sondern bereits in seinem 52. Lebensjahr gestanden, und im September 1805 hätte er es vollendet.

Wäre also der ehemalige Müller von Apoig zu der bewußten Zeit auf dem Straubinger Totenacker beerdigt worden, dann hätte der Eintrag im Matrikelbuch lauten müssen: *„Obiit 52. annorum."* Es steht aber dezidiert eine abweichende Altersangabe da, und dies wiederum kann nur bedeuten, daß Dr. Reinhard Haller in der Gäubodenstadt ein „Phantom auf dem Petersfriedhof" ausgemacht hat. Der Gärtner Mathias Lang aus Straubing, der sich zudem auch noch durch seinen Vornamen unterscheidet, kann unmöglich der fallierte Müller Matthäus Lang aus Apoig, also der Mühlhiasl, gewesen sein!

Dennoch bleiben einige Fragen offen. Zum einen wirft die Übereinstimmung der Familiennamen des echten Hellsehers und des Gärtners (zunächst) ein Rätsel auf; zum anderen geht es um die Gattin Barbara des wahren Mühlhiasl, die nach 1801 tatsächlich in jenem Bürgerhaus in Straubing lebte. Gerade der zweite Fakt scheint doch wieder dafür zu sprechen, daß auch Matthäus Lang dort ansässig war, und natürlich baut Haller dies in seine These ein. Er schreibt, die Witwe des „M. Lang" habe das Anwesen ab 1805 allein bewirtschaftet und sei 1818 verstorben. In Wahrheit wird es wohl so gewesen sein, daß der Gärtner Mathias Lang ein Verwandter des Mühlhiasl Matthäus Lang war, was die Namensgleichheit am allereinfachsten erklärt. Die Apoiger Familie war groß, Matthäus Lang war das fünfte Kind seiner Eltern; verschiedene andere Zweige der Sippe lassen sich in der fraglichen Gegend nachweisen. Wenn nun, wie die Volksüberlieferung berichtet, der Mühlhiasl ab 1801 zum ruhelosen Wanderer und dann im Zwieseler Raum zum „Stoaberger" wurde, dann mußte sich natürlich jemand um seine Gattin und die Kinder kümmern. Am natürlichsten hätte das ein Bruder, Vetter oder Onkel des Matthäus getan; eben jener Mathias Lang. In einer Zeit, in der überall noch die Großfamilien existierten, wäre das wahrlich keine Sensation, vielmehr ganz normal gewesen.

Barbara Lang wäre dann nicht die Gattin des Gärtners Mathias Lang gewesen, wie Haller schreibt, sondern eine mit diesem Mann verschwägerte Inwohnerin und Mitbesitzerin des Anwesens am Leichenweg nach St. Peter. Bis 1805, dem Todesjahr des Verwandten, wirtschaftete sie zusammen mit ihm; anschliessend führte sie den Betrieb allein weiter. Allerdings nicht als seine Witwe, wie Haller behauptet, denn sie taucht bis 1809 überhaupt nicht unter dieser Bezeichnung in den Straubinger Urkunden auf. Vielmehr war sie noch immer die Gattin des mehr oder weniger verschollenen Mühlhiasl, der wiederum durch die nach wie vor bestehende Ehe und Gütergemeinschaft mit ihr rechtlich Miteigentümer der Gärtnerei war, auch wenn er daraus für sich wohl keinen Nutzen zog. Erst 1809 – vier Jahre nach dem Tod des

20

„falschen Mühlhiasl" Mathias Lang – erscheint Barbara daher logischerweise als *„Math. Lang Gärtlers Witwe"* in den Matrikeln; sie wurde erst zu diesem Zeitpunkt Witwe, weil nun auch der echte Mühlhiasl Matthäus Lang in Rabenstein verstorben war. Als *„Gärtlers Witwe"* aber wurde sie bezeichnet, weil juristisch eben auch ihr Gatte Matthäus Lang Teileigentümer der Gärtnerei in Straubing gewesen war.

Nur so fügen sich alle Teile des Puzzles schlüssig zusammen, zweifelsfrei ergibt sich die Erkenntnis: Mathias Lang, der tatsächliche Betreiber der Gärtnerei in der Gäubodenstadt, war im Gegensatz zu seinem Verwandten Matthäus Lang der „falsche Prophet" – der wahre Mühlhiasl lebte anderswo und war zudem älter als Hallers „Straubinger Mühlhiasl-Phantom"!

Wo der Mühlhiasl lebte:
Ein kleiner Führer
zu den Schauplätzen

Ohne jeden Zweifel spricht aber auch eine Reihe realer Schauplätze, die durch die Volksüberlieferung gesichert sind, für die tatsächliche Existenz des Mühlhiasl. Der folgende kleine Wanderführer soll interessierten Lesern die Möglichkeit bieten, den Spuren des Propheten an Ort und Stelle nachzugehen.

Apoig: „Obere Klostermühle"

Die ehemalige „Obere Klostermühle" in Apoig wurde bereits auf Seite 7 beschrieben. Der Ortsteil Apoig liegt am Rand von Hunderdorf (eigene Abfahrt von der A 3), und man erkundigt sich am besten bei den Einheimischen nach dem „Mühlhiasl-Weg", an dessen Ende das historische Gebäude steht.

Windberg: Kloster
und „Untere Klostermühle"

Von Apoig aus ist die auf einem Hügel liegende Abtei Windberg bereits zu erkennen. Hier ging der Mühlhiasl aus und ein, sicher trank er aus den beiden Brunnen in der Mitte des alten Klosterhofes. Er sah die rätselhafte Steinplastik am Nordportal der Kirche, die einen Schwertträger im Kampf mit einem löwenartigen Ungeheuer zeigt. Ebenso ist im Inneren des Sakralbaues die Kanzel erhalten, die Matthäus Lang aus ganz bestimmten Gründen zu besteigen versuchte. Am 16. September 1753 wurde er in dem ebenfalls noch vorhandenen Becken getauft.

In der Nähe des Zuganges zur Klosteranlage weist ein Wegweiser auf die „Untere Klostermühle" hin. Der Pfad führt durch einen wildromantischen Hohlweg wieder talwärts und passiert dabei einen Wasserlauf mit Weihern. Am Ende der Schlucht steht das Anwesen, wo noch lange Zeit Verwandte des Mühlhiasl lebten. Gegenüber des eigentlichen Mühlenhauses, gleich jenseits des Weges, befindet sich ein unscheinbar aussehendes Gebäude, das in früheren Zeiten als Kuhstall und Scheune diente. Hier drinnen soll der Mühlhiasl zusammen mit seiner Braut Barbara oft übernachtet und sich auch nach seiner Vertreibung aus Apoig noch eine Weile dort aufgehalten haben.

Zwiesel:
Grabstätte, Kirche und Waldmuseum

Die Zwieseler Erinnerungsstätten an den Mühlhiasl befinden sich alle in der oberen Hälfte des Stadtplatzes. Das Kriegerdenkmal – an dieser Stelle wurde Matthäus Lang einst außerhalb der früheren Kirchenmauer begraben – liegt fast unmittelbar an der Einmündung der Kreisstraße von Frauenau her.

Die alte Zwieseler Pfarrkirche aus der Zeit des Mühlhiasl, die einst auf dem gleichen Areal stand, existiert nicht mehr. 1876 brannte sie ab, und es wurde ein neuer Sakralbau am oberen Ausgang des Stadtplatzes errichtet. Auf dem Turm der gegenwärtigen Kirche jedoch wuchsen kurz vor Ausbruch des Ersten Weltkrieges die berühmten Birken; ganz so, wie der Hellseher es prophezeit hatte.

Neben dem Rathaus (ungefähr auf der Höhe des Nepomuk-Denkmals) steht das Waldmuseum, in dem ein ganz besonderes Ausstellungsstück an den Mühlhiasl erinnert. Es handelt sich um den „Wachstecken" (Hirtenstab) des Propheten, der vor einigen Jahrzehnten im Rabensteiner Schloß gefunden wurde und von dem die alten Bewohner des Dorfes noch genau wußten, wem er einst gehört hatte.

Rabenstein:
Buchinger-Haus und Schloß

Der alte Ortskern des Dorfes Rabenstein ist so klein, daß man – vom „Schloß" ausgehend – das Haus mit der Nummer 19 leicht findet. Bei diesem kleinen Anwesen handelt es sich um das berühmte Buchinger-Gütl, wo der Mühlhiasl im frühen 19. Jahrhundert seine Kammer hatte und seine Weissagungen oft aus dem Ofeneck heraus flüsterte. Hier ist er auch gestorben, und über den nahen Weiler Klautzenbach (an der Straße nach Zwiesel) wurde er auf einem Ochsenkarren zum Begräbnis gefahren.

Das frühere Rabensteiner Schloß von 1785, für dessen Herren der Mühlhiasl als Köhler und Waldhirte arbeitete, existiert leider nicht mehr. Es brannte 1961 nieder; nur noch Ruinenreste sind auf dem Gelände am oberen Ende des historischen Dorfkerns erhalten. Auf dem Areal unmittelbar neben dem einstigen Platz des Herrschaftsgebäudes steht allerdings ein anderes schloßähnliches Bauwerk; zumindest einige Teile dieses verwunschen wirkenden Gemäuers könnten noch aus der Zeit des Mühlhiasl stammen.

Bei Rabenstein: Der „Hennenkobel"

Direkt hinter dem Rabensteiner „Schloß" beginnt der Wanderweg zum „Hennenkobel". Er zieht sich um den Berg und steigt dabei langsam höher. Folgt man dem Schild „Quarzsteinbruch", so gelangt man zu dem heute allerdings versperrten Zugang zu einem unterirdischen See, der im Gestein des „Hennenkobel" eingeschlossen ist. Dieses geheimnisvolle Gewässer könnte – wie später im Kapitel „Kraftplätze" aufgezeigt wird – einer der Gründe dafür sein, warum nicht nur der Mühlhiasl, sondern auch andere Hellseher (zum Beispiel Alois Irlmaier) immer wieder auf diesen Berg kamen.

Hat man den Gipfel des „Hennenkobel" erreicht, so fallen einem dort seltsam geformte, zwischen alten Bäumen hochragende Felsformationen auf. Und das ist nunmehr der Platz, wo der Waldprophet sich ausgesprochen häufig aufhielt; hier empfing er mit Sicherheit viele seiner Visionen. Menschen, die dafür sensibel sind, werden die ungewöhnliche Aura des Ortes sofort spüren. Die Bergkuppe des „Hennenkobel" ist ein Ort, wo die „magische" Ausstrahlung der Natur ganz besonders deutlich wird.

Das Waldgebirge –
von jeher Heimat der Seher

Gerade im Bayerischen- und Böhmerwald gibt es zahlreiche besondere Plätze, an denen die Natur ihre geheimnisvollen Kräfte spürbar werden läßt. Zwar sind die zweifelsfrei vorhandenen Auswirkungen dieser Energien auf die menschliche Psyche wissenschaftlich nicht immer erklärbar, ihre Existenz jedoch läßt sich mit modernen Meßmethoden sehr wohl nachweisen.

Aber auch in früheren Zeiten – und ohne daß sie dazu geodätische Apparaturen benötigten – wußten die Bewohner des Waldgebirges um diese Dinge. Wer über die nötige Sensibilität verfügte, fühlte die „Ausstrahlung" gewisser Berggipfel, Felsbildungen, Quellen oder anderer Kraftorte. Und manche Menschen, bei denen sich solche Intuition mit uraltem Wissen verknüpfte, konnten diese Phänomene gezielt für sich und andere nutzen.

Das waren unter anderem die Hellseher, welche durch all die Jahrhunderte fast ausschließlich in Gegenden wirkten, wo sie von weiter, unzerstörter Natur umgeben waren. Jeder weiß, welche Rolle die berühmten „Spökenkieker" in der Lüneburger Heide spielten und welch verblüffende wahrsagerische Leistungen sie erbrachten. Doch auch der süddeutsche Raum besitzt eine Landschaft, die stets ideal für Propheten war – und dies ist eben der Bayerische Wald. Der Mühlhiasl ist ganz gewiß nicht zufällig gerade hier aufgetreten. Vielmehr suchte und fand er die Gegend, die seinen ungewöhnlichen Fähigkeiten entsprach. Letztlich, nachdem er erste einschlägige Erfahrungen bereits im Vorwald gemacht hatte,

„kehrte er heim" in das schon Jahrtausende zuvor genutzte große mitteleuropäische Kultzentrum nördlich der Donau.

„Der Bayerische Wald enthält ganze Kult-Landschaften, die bis heute (...) nicht erkannt worden sind", schreibt dazu die weit über die Grenzen Deutschlands hinaus beachtete Vorgeschichtsforscherin Heide Göttner-Abendroth. Sie fährt fort: „Zunächst war ich sehr überrascht, in diesem abgelegenen Waldgebiet so viel zu entdecken, bis ich durch die archäologische Siedlungsgeschichte des Donautales verstehen lernte, daß die Gegend (in der Jungsteinzeit; Anm. d. V.) sehr menschenreich gewesen war. Das wirkte sich auch auf den Bayerischen Wald aus. Aber dieser wurde wegen des rauhen Klimas weniger zur Siedlungslandschaft, dafür um so mehr zur Kultlandschaft für die Wohngebiete des Donautales. Die (...) Flußläufe von Ilz und Regen boten sich für Pilgerwege tief in den Wald hinein an, wo quellenreiche Täler, runde Kuppen und wolkenverhangene Berghäupter, in weichen Wellen aneinandergereiht, den Menschen (...) eine erhabene Gestalt der Erdgöttin vor Augen führten. Deren Geheimnisse des Lebendigen verehrten sie an bestimmten Kultorten..."

Der berühmte „Wackelstein" bei Zenting (Landkreis Freyung-Grafenau) ist laut Angabe der renommierten Wissenschaftlerin ein solch heidnisches Heiligtum. Ebenso das ganz in der Nähe stehende „Steinerne Kirchlein", das mit einem christlichen Sakralbau ganz gewiß nichts zu tun hat, sondern eine viel ältere astronomisch ausgerichtete Anlage darstellt, die zudem über von Menhiren markierte Zugangswege verfügt. Ähnlich verhält es sich mit dem Areal um die Saldenburg oder der Gegend um die unweit davon gelegene Burgruine Dießenstein, wo sich ebenfalls unverwechselbare Kultsteine befinden und sich zudem Quellteiche erhalten haben, die hier der „Dreifachen Göttin" unserer Vorfahren zuzuordnen sind.

Wenn man sich nun aber vom Unteren Wald in die Region begibt, wo der Mühlhiasl sich bevorzugt aufhielt, dann stößt man auch dort auf derartige Plätze. Genannt seien hier nur der „Pfahl" bei der Burg Weißenstein oder das „Bürgerholz" nahe der Stadt Regen, wo laut Sage unter einem bestimmten Felsblock eine „Schlangenkönigin" (Göttin der Erdkräfte) herrschen und große Schätze bewachen soll. Ebenso ist der „Hennenkobel" ein solch außergewöhnlicher Ort. Wie wir später noch sehen werden, spricht sehr viel dafür, daß dieser Berg in heidnischen Zeiten ein Heiligtum des keltischen Gottes Lug und anschliessend des mit Lug nahe verwandten germanischen Odin war.

Diese Plätze, die sowohl sakrale als auch naturwissenschaftliche Bedeutung hatten und bereits in der Jungsteinzeit genutzt wurden, behielten mit Sicherheit auch später ihre Bedeutung. Bronzezeitliche, frühe eisenzeitliche und nach ihnen keltische oder germanische Pilger suchten sie über Jahrtausende hinweg auf – und an den besonderen Stätten lebten das ganze Jahr über die Eingeweihten: Weise Frauen, Menschen mit schamanischen oder naturheilkundlichen Fähigkeiten – und außerdem die Seher.

Aus der keltischen Epoche (etwa 800 v. d. Z. bis herauf ins letzte vorchristliche Jahrhundert) ist überliefert, daß die sogenannten „Vates", die Propheten der Kelten, sehr hohes Ansehen genossen. Sie standen im Rang von Druiden und verkörperten mit ihrem Können eine spezielle Form der naturphilosophischen Lehre dieser „Großen Wissenden". Keine politische Entscheidung wurde getroffen, ohne daß der Rat der „Vates" eingeholt worden wäre, und bei den jährlichen Versammlungen der Kelten saßen die Druiden gleichberechtigt mit den Fürsten auf der „Regierungsbank".

Als das Keltentum in der Zeit der römischen Invasion und der Völkerwanderung weitgehend unterging, später dann mit dem Christentum eine leider sehr oft intolerante Religion verbreitet wurde, vermochten sich diejenigen unter den Heiden, die schon immer im unwegsamen Waldgebirge gelebt hatten, dort trotz allem noch lange zu behaupten. Mit den keltischen „Vates" oder ihren germanischen Nachfolgern blieb aber auch das Wissen um hellseherische Praktiken erhalten – selbst dann noch, nachdem etwa um das Jahr 1000 die christliche Missionierung auch der abgelegenen Gegenden wie des Bayerischen Waldes abgeschlossen war.

In jener Epoche war das Waldgebirge dünn besiedelt. Der Arm der Kirche reichte zumindest im Alltag nicht bis zu den einsamen Weilern und Bauernhöfen, und auf diese Weise konnte die heidnische Tradition der Kultorte „im Untergrund" bewahrt werden. Das wiederum bedeutete, daß auch die Kräfte dieser Plätze weiter genutzt wurden – auch zu prophetischen Zwecken. Und dies blieb so im Mittelalter, im Barock und sogar noch in der Neuzeit. Nach außen hin waren die Menschen Christen, im verborgenen aber lebten Reste des Heidentums fort, und dies heißt: Die Hellseher, welche noch immer die Plätze aufsuchten, die ihre Gabe förderten, durften sich in der ihnen gemäßen Umgebung relativ sicher fühlen.

Aus diesem Grund tauchten gerade im Bayerischen- und Böhmerwald nach wie vor die großen Propheten auf. In der ersten Hälfte des 14. Jahrhunderts hatte der „Blinde Hirte" oder „Blinde Jüngling" hier seine Visionen und sagte unter anderem den Untergang der Habsburger Monarchie für die Zeit nach dem damals noch mehr als ein halbes Jahrtausend in der Zukunft liegenden Ersten Weltkrieg voraus. Rund dreihundert Jahre nach ihm, etwa zur Zeit des Dreißigjährigen Krieges, lebte und weissagte in der nördlichen Oberpfalz, im Fichtelgebirge sowie dem Egerland die berühmte Sibylle. Die bis heute sehr lebendige Überlieferung nennt Heidlitz bei Bischofsgrün und Waldershof, aber auch Eger als ihre Wohnsitze. In einer ihrer Schauungen sprach sie von einem „Mann, der ein seltsames Kreuz im Wappen führt und dessen Soldaten in eisernen Häusern, die auf Kufen rollen, nach Prag einfallen." Damit konnten nur Hitler, sein Hakenkreuz und seine Panzertruppen gemeint sein, und auch Mussolini kommt in der Prophezeiung der Sibylle vor, wenn sie davor warnt, daß der Kreuzträger sich mit dem Beilträger (dem Faschisten) aus Rom verbünden werde.

Genau in der Tradition dieser Menschen mit dem „Dritten Auge", welche die besonderen Kraftplätze des Waldgebirges zur Stärkung ihrer hellseherischen Fähigkeiten nutzten, steht auch der Mühlhiasl. Er folgte den Spuren derjenigen, die vor ihm dagewesen waren und suchte seinerseits die besonderen Plätze, deren „Aura" seine Visionen hervorrief oder unterstützte. Daß er dabei aus der uralten Erkenntnis schöpfte, die bereits im Mittelalter, bei den Kelten und in der Bronze- und Jungsteinzeit vorhanden war, ist nur logisch.

Dieses Wissen um heilige Orte muß irgendwie auf ihn gekommen sein – vermutlich auf ähnliche Weise wie in anderen Bereichen, etwa des ländlichen Brauchtums, wo heidnische Praktiken offen oder geheim ebenfalls von Generation zu Generation überdauerten. Man denke dabei nur an tradierte Flurumgänge, die ursprünglich Fruchtbarkeitsrituale waren, oder an das Maibaumaufstellen, das bis heute einen ähnlichen Zweck erfüllt. In den „Schratzllöchern" oder

31

„Erdställen" wiederum wurden noch bis in die Neuzeit herauf vorchristliche Wiedergeburtsriten praktiziert – und wenn all dies erhalten blieb, dann können von besonderen Eingeweihten sehr wohl auch Informationen über Kraftplätze in der Natur, welche die Gabe des Hellsehens fördern, an den Mühlhiasl weitergegeben worden sein.

Ein Beispiel dafür, wie so etwas vonstatten gehen kann, stammt aus der ersten Hälfte unseres eigenen Jahrhunderts. Der bekannte Freilassinger Hellseher Alois Irlmaier setzte sich, nachdem er sich seiner Gabe bewußt geworden war, sehr intensiv mit dem Leben des Mühlhiasl auseinander. Dadurch erfuhr er, daß Matthäus Lang sich außerordentlich oft auf dem „Hennenkobel" bei Rabenstein aufgehalten hatte. Irlmaier suchte diesen geheimnisvollen Berg daraufhin selbst auf – und nachdem er einmal dort gewesen war, kehrte er jedes Jahr zurück. Es ist überliefert, daß er auf dem „Hennenkobel" das Gefühl hatte, er könne dort seine Kräfte auftanken. Anders ausgedrückt: Durch die Kenntnis um die Wege des Mühlhiasl hatte Alois Irlmaier einen Platz auch für sich entdeckt, dessen „Ausstrahlung" offenbar hellseherische Fähigkeiten unterstützt.

Damit stellt sich natürlich die Frage, um welche besonderen Kräfte es auf dem „Hennenkobel" und anderswo konkret geht, und warum sie ausgerechnet im Bayerischen Wald so gehäuft nachzuweisen sind?

Welches Geheimwissen besaß der Mühlhiasl?

Im Herbst 1996, während der Recherchen zu meinem Roman „Der Hexenstein", der die historische Hexenverfolgung von Ringelai (Landkreis Freyung-Grafenau) schildert, machten mich Freunde auf eine mit rätselhaften Felsen bedeckte Hügelkuppe etwas oberhalb des genannten Dorfes aufmerksam, die im Volksmund „Freudenhain" heißt. Als wir den Platz genauer untersuchten, entdeckten wir einen kompletten, wenn auch teilweise zerstörten Steinkreis, in dessen Innerem sich ein granitener „Altar" befindet. Ganz sicher waren einige der Felsen behauen und die meisten von Menschenhand an Ort und Stelle gebracht worden, so daß die Vermutung nahelag, es mit einer der uralten Kultstätten des Bayerwaldes zu tun zu haben.

Daraufhin untersuchten unabhängig voneinander zwei erfahrene Wünschelrutengängerinnen den Ort. Beide stellten fest, daß sich über die Hügelkuppe außerordentlich starke sogenannte Gitternetzlinien (vulgo: „Wasseradern") ziehen, deren Ursprung sich sehr tief im Berg befindet. Im Bereich des Steinkreises ist die „Strahlung" deutlich intensiver als außerhalb, und genau an der Stelle des „Altarsteins" kulminiert sie. Exakt dort kreuzen sich die beiden stärksten Energieströme und „pulsen" hier so „wild", daß nach Aussage der Expertinnen der Fels in diesem Kraftzentrum schneller verwitterte als an seinen Flanken, weshalb sich dort auch ein tief eingekerbtes, natürlich entstandenes Kreuz zeigt.

Wie sich weiter herausstellte, verursacht ein längerer Aufenthalt direkt beim „Altarstein" bei sensiblen

Besuchern zunächst starke Ermüdung und dann einen tranceartigen Zustand. Im Zusammenhang damit ist wiederum die Tatsache interessant, daß sich zu beiden Seiten des Felsens zwei grob ausgehauene Sitze befinden. Läßt man sich auf dem einen nieder, so blickt man in Richtung des ebenfalls dorthin ausgerichteten Energiestromes nach Osten; auf dem gegenüberliegenden schaut man nach Westen. Und eine der Wünschelrutengängerinnen, die in solchen Dingen nicht ohne eigene Erfahrung ist, meinte dazu, die kleinen Granitsessel könnten etwas mit hellseherischen Praktiken aus grauer Vorzeit zu tun haben.

Wenn dies aber so wäre, dann befände sich auf der nach außen hin eher unscheinbaren Hügelkuppe oberhalb von Ringelai eine jener geheimnisvollen Anlagen, um die es auch im Zusammenhang mit dem Mühlhiasl geht. Der „Freudenhain" wäre vor Jahrtausenden und vielleicht noch vor wenigen Jahrhunderten (wie ein ebenfalls hinzugezogener Archäologe meinte) ein Platz gewesen, wo Eingeweihte geophysikalische Kräfte nutzten, um einen Blick in die Zukunft zu tun. Und möglicherweise wurden auch die eingangs erwähnten „Hexen" von Ringelai verfolgt, weil sie – etwa zwei Generationen vor dem Auftreten des Waldpropheten – den Steinkreis zu diesem Zweck aufgesucht hatten.

Definiert wäre dieser Ort (unter anderem) durch die elektromagnetischen Kraftlinien, die bereits vor Jahrtausenden erkannt und durch die Steinsetzungen markiert wurden. Nach demselben Prinzip aber – das wurde mittlerweile erforscht – „funktionieren" auch zahlreiche andere Kult- oder Energieplätze, von denen es eine ganze Reihe im Bayerwald gibt. Zwar kann man sich ihre Auswirkungen auf den Menschen (und ebenso auf Tiere und Pflanzen) bislang noch nicht erschöpfend erklären, aber sie sind durch die

Radiästhesie (Rutengehen oder auch Pendeln) nach-gewiesen. Gehäuft treten sie im Bayerischen- und Böhmerwald sowie im östlich angrenzenden Wald-viertel Österreichs auf, und dies wiederum hängt offenbar mit der speziellen geologischen Struktur des großen zentraleuropäischen Mittelgebirges zusam-men.

Der Grund für diese Besonderheit ist leicht zu erklären. Beim Böhmerwald, wie das gesamte Gebiet noch im vorigen Jahrhundert hieß, handelt es sich um die Überreste eines sehr alten Hochgebirges, das im Karbon (vor 310 bis 240 Millionen Jahren) entstand. Im Lauf der Zeit verwitterten die oberen Teile wieder, kilometerstarke Felsschichten wurden von Wind und Wetter abgetragen. Damit aber wurde der innere geo-logische Kern des einstigen den Alpen vergleichbaren Massivs freigelegt: das kristalline Tiefengestein, aus dem der Bayerische- und Böhmerwald heute besteht. Es handelt sich hauptsächlich um Granit, der sich aus den Mineralien Feldspat, Quarz und Glimmer zusam-mensetzt. Und genau der Quarz ist einer der Schlüs-sel zu dem Geheimnis, das es zu lösen gilt.

Wie weiter oben ausgeführt, kreuzen oder bündeln sich an den von den Eingeweihten aller Zeiten aufge-suchten Kraftorten elektromagnetische Energieströ-me. Sie wirken durch ihre Strahlung auf die Psyche sensibler (zum Beispiel medial veranlagter) Men-schen ein. Je stärker und stabiler aber die Energie fließt, um so intensiver erfolgt die Reaktion des Medi-ums. Und nun brauchen wir nur noch einen Blick in ein Physikbuch zu werfen, damit der Kreis sich schließt: „Quarzkristalle sind außerordentlich gut dazu geeignet, die Frequenz elektromagnetischer Schwingungen zu stabilisieren", heißt es da.

Das wiederum bedeutet nichts anderes, als daß die Kraftfelder, die sich an den uralten Kultplätzen des

36

Bayerwaldes verbergen, durch den Quarz im umgebenden Gestein noch zusätzlich verstärkt werden. In ganz Mitteleuropa ist dies aber nur im Waldgebirge nördlich der Donau möglich, denn es gibt weit und breit keine vergleichbare geologische Formation. Deswegen, ganz logisch, ist der Bayerische- und Böhmerwald traditionell der bevorzugte Aufenthaltsort von Hellsehern gewesen. Sie alle – und damit auch der Mühlhiasl – wußten um die positive Auswirkung der Erdstrahlen auf ihre Gabe, und sie wußten ebenso, daß die „magischen" Energieknoten nirgendwo sonst so stabil und damit intensiv sind wie in dieser Landschaft.

Nicht immer freilich sind derartige Heilige Orte durch Steinsetzungen wie etwa in Ringelai kenntlich gemacht. Manchmal führen auch Spiralpfade zu einem solchen Platz und kreisen ihn ein, oder es sind uralte Kreuzwege, die ihn markieren. Auch Quellen spielen oft eine sehr wichtige Rolle; vor allem wohl dann, wenn sie einen direkten Ausfluß geophysikalisch relevanter unterirdischer Wasseradern darstellen. Und nicht zu vergessen schließlich jene Kirchen, die auf die Zeit der christlichen Missionierung des Bayerwaldes zurückreichen – und ganz gewiß nicht ohne Grund oft auf sehr viel älteren heidnischen Kultstätten errichtet wurden.

Bestimmte Quellfassungen, fremdartig behauene Steine oder andere Relikte im Inneren solcher Urkirchen sind häufig mit christlichen Heiligenlegenden verknüpft. Bei genauerer Nachprüfung stellt sich jedoch meist sehr schnell heraus, daß sich hinter der katholischen Verschleierung die Gesichter heidnischer Götter verbergen, welche einst an den vorchristlichen Kultorten verehrt wurden. Diese Plätze wurden von den Missionaren vereinnahmt und überbaut; dies aber geschah durchaus im Wissen um die frühere Bedeutung des Ortes. Denn auch die christlichen Priester noch des Mittelalters wußten nicht selten um die Ausstrahlung derartiger Kraftplätze, und deshalb finden Rutengänger, die in dieser Richtung forschen, die geophysikalischen Energieknoten bevorzugt an der Altarstelle oder auch unter der Kanzel solcher Sakralbauten. Ganz gezielt nutzten nämlich auch die Kleriker die besonderen Möglichkeiten der lange vor ihnen markierten Punkte. Am Altar konnten sie sich dann besser auf ihren eigenen Kult konzentrieren, und auf der Kanzel verfügten sie aus dem gleichen Grund oft über eine mitreißende Rednergabe, die ihnen im Alltag – das heißt: außerhalb des Kraftfeldes – nicht gegeben war.

Dieses Geheimwissen war auf die Priester gekommen, weil während der Missionierungsphase Mitteleuropas, die mehrere Jahrhunderte gedauert hatte, die Grenzen zwischen Heidentum und Christentum noch fließend gewesen waren. Christliche Kleriker konnten zum Beispiel aus heidnischen Familien kommen und vor ihrer Weihe in gewisse „magische" Praktiken eingeführt worden sein. Andererseits bestanden die Menschen einer bestimmten Gegend oft darauf, daß eine erste katholische Kapelle am vertrauten heidnischen Kultort errichtet wurden, weil dieser Platz dem Volk heilig war. Nur unter dieser Voraussetzung ließen sich viele taufen – und ihr Wissen um Bedeutung und Kraft des Ortes wurde damit fast zwangsläufig an die Priester weitergegeben.

Erst ungefähr ab dem Jahr 1000 – es ist dies die Zeit, da das Papsttum dominierend und damit zur katholischen Zentralgewalt wurde – begann die Kirche diese heidnischen Überlieferungen gezielt und gewaltsam zu unterdrücken. Wer jetzt noch dem alten Glauben anhing, wurde grausam verfolgt; die letzten Heiden mußten in den Untergrund gehen. Dort wurde die frühere Weisheit nunmehr bewahrt, und seine Träger sind uns als „Hagazussa" (wörtlich: Zaunreiter; gemeint sind Menschen, die auf der Grenze zwischen Diesseits- und Anderswelt wandeln), aber auch als weise und heilkundige Frauen – oder eben „Hexen" bekannt.

Vor allem sie waren es, die dafür sorgten, daß das alte Wissen über die folgenden Zeiten hinweg erhalten blieb, so daß es auch in der Neuzeit, im 18. und frühen 19. Jahrhundert, noch existierte. Damit befinden wir uns aber wieder in der Epoche des Mühlhiasl, und es wird klar, daß auch er sehr wohl Zugang zur verborgenen Lehre von Kraftorten und Energiefeldern haben konnte. Dies um so mehr, als er ja auf einer Mühle aufwuchs, mit welchen Anwesen von jeher Gerüchte um „Hexenwesen", Wahrsagerei, Geisterbeschwörungen und dergleichen verknüpft waren. Und auch dies nicht ohne realen Hintergrund, denn Mühlen sind ebenfalls Orte, wo die Geophysik der „Wasseradern" besonders intensiv wirksam wird; die Familien, die zumeist sehr lange dort lebten, wußten mehr als andere und nutzten ihre Kenntnisse sicher auch.

Nachdem wir nun die Bedeutung solch altehrwürdiger Mühlen wie zum Beispiel der von Apoig begreifen, wird auch klar, wie wahr und richtig die Volksüberlieferung berichtet, wenn sie darauf besteht, daß der Mühlhiasl ursprünglich ein Müller war. Gerade dieser Fakt ist im Zusammenhang mit dem zuvor Gesagten völlig logisch und schlüssig; er deutet, bei genauem Hinsehen, förmlich auf die Verbindung des Hellsehers mit den geschilderten geheimnisvollen Kraftplätzen hin. Und damit können wir uns jetzt auf die Suche nach den uralten Heiligen Orten machen, die Matthäus Lang immer wieder gezielt aufsuchte, weil sie ihm dabei halfen, seine Visionen zu erleben.

Die Kraftplätze,
die der Mühlhiasl nutzte

Beginnen wir mit dem Kloster Windberg, wo Matthäus Lang am 16. September 1753 getauft wurde und wo die Mönche ihn aus der Kirche gejagt haben sollen, weil er unbefugterweise die Kanzel zu besteigen versuchte.

Im frühen 12. Jahrhundert erhob sich hier auf dem Berg über dem Bogenbach die Stammburg der damals noch ritterlichen Herren von Bogen. Ungefähr Anno 1140 passierte dann etwas Erstaunliches. Die Adelsfamilie überließ den Platz einem Einsiedler, stiftete für diesen Eremiten eine Kapelle und siedelte selbst auf den Bogenberg um, wo – weil das Sippenoberhaupt Albert von Bogen jetzt die Grafenwürde errang – eine neue, größere Festung errichtet wurde. Bereits 1142 bezogen Mönche des Prämonstratenserordens die aufgegebene Burg zu Windberg und bauten die Anlage in der Folge zu einem Kloster aus. Die Kapelle des Einsiedlers verschwand unter der Architektur der heutigen Kirche, doch es ist sicher, daß sie irgendwo innerhalb der Mauern des Sakralgebäudes gestanden haben muß.

Hochinteressant an dieser Geschichte ist die Frage, warum die Herren von Bogen ihren Stammsitz ausgerechnet einem Eremiten überließen? Eine Antwort gibt möglicherweise ihr Schildemblem mit den berühmten Rauten, die sich bis heute im Bayerischen Staatswappen erhalten haben. Die schräg gekreuzten Balken erinnern nämlich auf frappierende Weise an die Gitternetzlinien des aus der modernen Radiästhesie bekannten „Currynetzes", das nach seinem Entdecker Dr. Curry benannt ist. Dessen im Abstand von drei bis vier Metern von Nordwest nach Südost und von Nordost nach Südwest laufenden Energieströme besitzen in ihren positiven „Rautenfeldern" eine stark stimulierende Wirkung auf den Menschen; allerdings stehen dem negativ geladene, ermüdende Felder gegenüber – genau wie es das Bogener Wappen mit seinen weiß (negativ) und blau (positiv) eingefärbten „Wecken" zeigt.

Und nun stellt sich die nächste Frage, ob die Bogener Edelleute etwa um dieses Phänomen wußten, es deshalb in ihrem Wappen führten und es auf ihrem Stammsitz gezielt nutzten? Sie hätten dazu ihre Sitz-, Schlaf- und sonstigen wichtigen Plätze lediglich innerhalb der positiv wirkenden geophysikalischen „Rauten" auf dem Burgareal anlegen müssen. Auszuschließen ist so etwas ganz gewiß nicht, denn die Bogener entstammten einem jener wohlhabenden Bauerngeschlechter, die in der Schlacht auf dem Lechfeld im 10. Jahrhundert erstmals eine geordnete „deutsche" Kavallerie stellten und aus denen sich dann allmählich der Ritterstand herausbildete. Daß sie ihre erd- und naturverbundenen Traditionen auch später noch bewahrten, ist daher anzunehmen, und deshalb ist es überhaupt nicht auszuschließen, daß ihnen die Erdkräfte auf besonderen Hügeln – wie eben dem von Windberg – sehr wohl bekannt waren. Ebenso können sie dieses Wissen in ihrem ungewöhnlichen Wappen dargestellt haben, auch wenn dies zunächst unwahrscheinlich klingt. Beschäftigt man sich jedoch ein wenig intensiver mit der europäischen Heraldik des Mittelalters, dann wird klar, daß geophysikalische Symbole durchaus auf Schilden und Bannern Verwendung fanden. Kein Geringerer nämlich als der mittlerweile als historische Person erkannte Riothamus (Heerkönig) Arthur, der Artus der Sage also, führte in seinem Feldherrnwappen ebenfalls ein solches Zeichen: den Roten Drachen, der sich aufgrund dieser Tatsache bis heute als offizielles Emblem von Wales erhalten hat. Der Rote Drache aber steht in der keltischen Heraldik, welche in Britannien stets im Bewußtsein blieb, für nichts anderes als die gebündelte Macht der Erdkräfte!

Ebenso kann das Rautenwappen der Bogener ihr Wissen um das „Currynetz", das ihren Stammsitz zu etwas Besonderem machte, ausgedrückt haben. Damit löst sich möglicherweise auch das Rätsel um den Eremiten, der nach ihrem Abzug auf den Bogenberg in Windberg blieb. Die nunmehrigen Bogener Grafen ließen ihren alten Burgplatz, dessen „Ausstrahlung" sie erfolgreich gemacht hatte, im Schutz eines Eingeweihten zurück. Nach dem Einsiedler übernahmen die Prämonstratenser von Windberg diese Aufgabe und hüteten den Ort der (später überbauten) Eremitenkapelle, die wahrscheinlich das Kraftzentrum markierte, so lange, bis die alte Weisheit irgendwann verlorenging.

Ende des 18. Jahrhunderts jedoch tauchte noch einmal ein Eingeweihter auf – und das war der Mühlhiasl. Er, der die Wirkung der Erdstrahlen für seine hellseherischen Zwecke zu nutzen pflegte, hatte offenbar die geophysikalische Bedeutung des Klosterareals wiedererkannt. Mehr noch: Er wußte, daß sich das Kraftzentrum im Inneren der Kirche befand – und dort wiederum an einem Platz, der direkt auf die Kanzel wirkte. Und nun wird auch klar, warum Matthäus Lang die Kirchenkanzel besteigen wollte. Er versuchte es, weil die dort pulsende Strahlung imstande gewesen wäre, seine hellseherischen Fähigkeiten zu unterstützen. Die Prämonstratenser aber, welche die Zusammenhänge nicht begriffen, faßten sein Tun als Anmaßung auf und jagten ihn aus diesem Grund aus der Klosterkirche.

42

Letztlich konnte der Mühlhiasl freilich auf den Kraftort in Windberg verzichten, denn tief im Bayerischen Wald fand er später eine andere – und für ihn ideale – derartige Stätte. Wir kommen damit zu dem bereits mehrfach erwähnten „Hennenkobel", der sowohl in historischer als auch in naturwissenschaftlicher Hinsicht weit und breit einzigartig dasteht.

Der Name „Hennenkobel" stammt aus neuerer Zeit; ursprünglich hieß der Berg ebenso wie das zu seinen Füßen liegende Dorf: Rabenstein. Diese alte Bezeichnung läßt nun zwei etymologische Interpretationen zu. Zum einen war ein „Rabenstein" im Mittelalter ein Galgenhügel, wo die Aasfresser sich am Fleisch der Gehenkten gütlich taten. Diese Möglichkeit scheidet aber in unserem Fall aus, weil zur einst am Berghang stehenden Burg keine Halsgerichtsbarkeit gehörte, also auch keine Hinrichtungen stattfanden. Infolgedessen kommt nur die zweite Erklärungsmöglichkeit in Frage, wonach es sich in heidnischer Zeit bei einem „Rabenstein" um einen heiligen Berg handelte, der durch die schwarzen Vögel einem ganz bestimmten Gott zugeordnet war.

In der keltischen Mythologie war dies Lug, der oft als Einäugiger dargestellt wurde und dessen Haupt von Raben umschwirrt war. In der späteren germanischen Welt, die viel Metaphysisches von den Kelten übernahm, hatte Odin diese Rolle inne. Die Raben aber haben im Zusammenspiel mit diesen Göttern eine ganz besondere Funktion: Sie raunen ihren überirdischen Herren das künftige Geschehen ins Ohr – und damit sind Lug oder Odin nichts anderes als die Hellsehergötter der Kelten und Germanen!

Wenn diese Gottheiten, die um die Zukunft wissen, jedoch wieder mit einem ganz bestimmten Ort verbunden sind, so läßt sich weiter sagen, daß – nach allem, was wir bisher erfahren haben – ein solcher

Platz, der unbedingt durch eine spezielle Erdstrahlung gekennzeichnet sein muß, auch auf entsprechend sensible Menschen wirkt. Wir haben damit im Fall des Rabenstein einen Hellseher-Berg vor uns: eine von „magischen" Kräften erfüllte Stätte, welche die Gabe der Zukunftsschau unterstützt.

Der Rabenstein war infolgedessen zweifellos schon in heidnischer Zeit ein heiliger Berg, und die Erinnerung daran hatte sich bis ins christliche Mittelalter erhalten. Später, so vermute ich, wurde die alte Bezeichnung von den Priestern wohlweislich geächtet; dies allerdings auf ziemlich durchsichtige Art. Denn aus den Raben wurden lediglich die Hennen und aus dem Stein der Kobel, so daß die alte Bedeutung bei genauem Hinhören noch immer durchschimmert. Im Dorf selbst, das eben nicht auf einem Steinberg oder Kobel steht, blieb der Name erhalten; dort freilich sahen die Kleriker ihn wohl nicht länger als gefährlich an, denn der Ortsname war vom Platz seiner eigentlichen Bedeutung – dem felsgekrönten Gipfel – abgerückt.

Der Mühlhiasl jedoch war mit Sicherheit imstande, das Geheimnis zu erkennen, als er irgendwann nach dem Jahr 1801 in den Hinteren Bayerischen Wald kam und sich keineswegs zufällig am Fuße des bewußten Berges niederließ. Entweder löste er das Rätsel des uralten Göttersitzes aus eigener Kraft, oder aber es wurden ihm von Eingeweihten der Gegend Hinweise gegeben; möglicherweise spielte auch beides zusammen. Tatsache ist auf jeden Fall, daß er nach seinen langen Jahren in der Nähe des Kraftortes Windberg jetzt neuerlich in unmittelbarer Nachbarschaft eines geophysikalisch herausragenden Platzes lebte, denn das Dorf Rabenstein wurde ihm nun bis an sein Lebensende zur zweiten Heimat.

Warum Matthäus Lang speziell diesen Berg für sich

auswählte, wird zusätzlich klar, wenn wir die einzigartige Beschaffenheit des Rabenstein genauer betrachten und dabei begreifen, wie innig heidnische Metaphysik und naturwissenschaftliche Realität zusammenhängen.

Unter dem Gipfel, auf dem der Mühlhiasl immer wieder „meditierte", verbergen sich nämlich umfangreiche Quarzvorkommen. Wie wir im vorangegangenen Kapitel gesehen haben, ist nun aber genau dieses Mineral wie kein anderes imstande, die Erdstrahlen zu stabilisieren und damit ihre Auswirkung zu intensivieren. Gleichzeitig befindet sich im Inneren des Berges ein unterirdischer See, der in seiner heutigen Größe zwar erst im Zusammenhang mit dem Quarzabbau durch die früher in der Nähe liegende Rabensteiner Glashütte entstanden ist, doch sicher gab es bereits vor der Zeit des Bergbaues überflutete Kavernen im Gestein, die von den hier nachgewiesenen kräftigen unterirdischen Quellen gespeist wurden.

Exakt dieses Zusammenspiel zwischen sehr starken „Wasseradern" und der besonderen Beschaffenheit des Quarz machte den Rabenstein schon vor Jahrtausenden zu einem Platz, der den Hellseher-Göttern geweiht war, weil er prophetische Fähigkeiten förderte. Als dann Matthäus Lang in die Gegend kam, war zudem bereits der künstlich geschaffene See entstanden, was die geophysikalische „Ausstrahlung" des Berges noch weiter erhöhte. Präzise aus diesen Gründen suchte sich der Mühlhiasl den Rabenstein als seinen persönlichen Kraftort aus – deswegen arbeitete er gerade dort als Köhler und Waldhirte. Beide Berufe lassen dem, der sie ausübt, viel freie Zeit und Ruhe, und Matthäus Lang nutzte diese Chance, um die „magischen" Eigenschaften dieses weit und breit einzigartigen Berges positiv auf sich und seine hellseherische Gabe wirken zu lassen.

Der Gipfel des Rabenstein hatte für ihn die gleiche Funktion wie der aus der antiken Literatur bekannte gespaltene (hohle!) Felsen der Pythia im griechischen Delphi, auf dem diese berühmte vorchristliche Prophetin zu sitzen pflegte und dabei ihre Orakelsprüche abgab. Eine andere derartige Lokation ist aus Wales in Britannien bekannt: der von einem schroffen Bachtal durchschnittene Twr (Hügel oder Festung) der keltischen Königin Branwen. Bei dieser Klippe direkt an der Irischen See handelt es sich um die älteste zutage liegende geologische Formation Europas, und die Sage erzählt, daß dort einst der „vom Körper getrennte" Kopf des rabenumschwirrten Königs Bran, des Bruders der Branwen, die Prophezeiung gemacht habe, das britische Reich werde solange bestehen, wie die ihm, Bran, zugeordneten schwarzen Vögel den von seinen Gefolgsleuten zu jener Zeit gegründeten Londoner Tower umkreisen.

Sowohl die Pythia und der walisische Fürst – dessen vom Körper(lichen) losgelöster Kopf (Geist) den Pfad in eine andere Dimension beschritten hatte – als auch der Mühlhiasl nutzten die geophysikalischen Energiefelder speziell dazu geeigneter Bergkuppen. Die Tatsache aber, daß Matthäus Lang dies noch in der Neuzeit tat, ist ein weiterer Beweis dafür, daß er uraltes Wissen besaß, das letztlich aus jahrtausendealten heidnischen Quellen kam.

Wie wir im nächsten Kapitel sehen werden, erschöpften seine „Aktivitäten" sich aber nicht am Rabenstein, vielmehr kannte er zusätzlich gewisse „magische" Praktiken.

Die „magischen" Praktiken des Mühlhiasl

In der Mettennacht soll es geschehen sein, und Schauplatz war die Zwieseler Kirche. Dort setzte sich Matthäus Lang im Mittelgang „arschlings" zum Altar auf einen selbstgemachten Schemel aus neunerlei Holz und blickte sodann in die Zukunft. Wie die Überlieferung berichtet, soll er allen, die im folgenden Jahr sterben würden, ihren Tod vorausgesagt haben.

Wenn man diese Geschichte Punkt für Punkt betrachtet, dann häufen sich die Hinweise auf gewisse „magische" Praktiken geradezu. Vielleicht sollte man das Vorgehen des Mühlhiasl aber besser als schamanisch oder sogar druidisch bezeichnen, denn wiederum ist nichts, was er tut, neu. Vielmehr steht er einmal mehr in der Tradition anderer großer Eingeweihter, deren geheimnisvolle Methoden wir aus der spirituellen Geschichte Europas, aber auch benachbarter Erdteile kennen.

Beginnen wir bei der Interpretation des Geschehens mit der Mettennacht. Es handelt sich um die Nacht zwischen dem 24. und 25. Dezember, und sie folgt damit drei Tage auf die Wintersonnenwende. Dieser Zeitpunkt aber markierte bei den Kelten und Germanen einen außerordentlich wichtigen Punkt im Jahreslauf, denn ab der Nacht des 21. auf den 22. Dezember werden die Tage wieder länger, und astronomisch gesehen beginnt deshalb das neue Jahr zur Wintersonnenwende. Dies wußten die Völker seit Urzeiten; ebenso war zumindest den Eingeweihten bekannt, daß sich der Umschwung in der Natur auf die menschliche Psyche auswirkt. Es ereignen sich dann quasi „mentale Turbulenzen", von denen besonders die Sensiblen – also auch die Seher – betroffen sind. Aus diesem Grund wurden die dreizehn Nächte nach der Wintersonnenwende – die ursprünglichen Rauhnächte – traditionell als unheimlich betrachtet. Es hieß, daß dann „Geister" umgingen; außerdem hat sich im Volksbewußtsein bis heute die Überlieferung erhalten, daß das, was man in den Rauhnächten träume, in Erfüllung gehen werde.

Der Hinweis auf eine Verbindung zwischen jenen bestimmten Nächten und der Gabe der Prophetie, die möglicherweise durch die besondere Konstellation zwischen Erde und Sonne zur Zeit der Wintersonnenwende ausgelöst wird, ist damit unübersehbar; ganz offensichtlich wird hier im Volksglauben uraltes Wissen weitergegeben. Und genau diese tradierte Weisheit, die mit Aberglauben nicht das geringste zu tun hat, machte sich auch der Mühlhiasl zunutze, wenn er eine der Rauhnächte für seinen hellseherischen Auftritt wählte: logischerweise die Mettennacht, in der sich die Menschen, die er ansprechen wollte, in der Kirche versammelt hatten.

Matthäus Lang nahm jedoch nicht irgendeinen willkürlich gewählten Platz im Inneren des Sakralbaues ein, sondern setzte sich in den Mittelgang. Wenn nun aber auch der Altar der alten (1876 abgebrannten) Zwieseler Kirche ähnlich wie anderswo eine geophysikalisch relevante Kreuzung bezeichnete und die Architektur des Kirchenschiffes, wie noch im Mittelalter ebenfalls üblich, entsprechend der „Wasseradern" ausgerichtet war, dann wäre eine der großen Kraftlinien, die sich im Altarraum bündelten, eben durch den Mittelgang des Sakralbaues gelaufen. Vermutlich deswegen stellte der Mühlhiasl seinen Schemel aus neunerlei Holz genau dort auf. Zwar stand ihm damit nicht der bestmögliche Platz, der Altar

selbst, zur Verfügung; es ist aber aus der Radiästhesie bekannt, daß starke Energieströme auch noch einige Dutzend Meter von ihrem Knotenpunkt entfernt ausreichend stark „strahlen" können, so daß es für Matthäus Lang genügte, sich irgendwo in der Mitte der Kirche zu befinden.

Zudem besaß er mit seinem ungewöhnlichen Schemel offenbar ein hilfreiches „magisches Instrument". Aus neunerlei Holz war dieser Hocker zusammengefügt, und es darf als sehr sicher gelten, daß die einzelnen Knüppel erst kurz zuvor frisch geschnitten oder geschlagen worden waren. Denn nur in solchem, quasi noch lebendigem Holz können mit Einsetzen der Wintersonnenwende bestimmte Effekte erfolgen – wie sie etwa an den berühmten Barbarazweigen kenntlich werden. Diese werden am 14. Dezember gebrochen und ins Wasser gestellt und blühen dann um Weihnachten herum. Hier wird also ein ganz erstaunliches und zumindest auf den ersten Blick verblüffendes Rätsel der Natur deutlich, doch ein Wunder geschieht nicht. Vielmehr reagieren die „Lebensruten" auf die ab dem 21. Dezember neuerlich wirksam werdenden Wachstumsimpulse des Planeten Erde. Deswegen steigen die Säfte der Barbarazweige jetzt wieder, und es können sich unter günstigen Umständen bereits lange vor dem Frühjahr Blüten bilden.

Wichtig für unsere Betrachtung sind nun die Pflanzensäfte. Denn bei ihnen handelt es sich im Prinzip um nichts anderes als um „neuerwachte" mikrokosmische „Wasseradern" mit ähnlichen elektromagnetischen Ausstrahlungen wie unterirdische Quellen oder Bachläufe. Genau in der Zeit um Weihnachten, also in der Mettennacht, werden sie nach der langen winterlichen Ruhepause wieder aktiv, wie das Beispiel der „Lebensruten" zeigt.

Da der Mühlhiasl aber seinen Schemel gleich aus neun, sich vielfach kreuzenden Stücken zusammenfügte, wurden auf engstem Raum zahlreiche radiästhetisch wirksame Kraftknoten erzeugt. Hinzu kam, daß es sich auch noch um verschiedene Holzarten handelte, deren elektromagnetische Feldlinien unterschiedlich waren und dadurch zusätzliche Spannung hervorbrachten. Matthäus Lang hatte sich mit seinem Hocker infolgedessen ganz bewußt ein physikalisch arbeitendes Energiefeld geschaffen, das – ähnlich wie der Rabenstein, wenn auch räumlich sehr viel enger – seine prophetischen Fähigkeiten unterstützen sollte.

Auch die Tatsache, daß er ausgerechnet neun Hölzer verwendete, ergibt einen tieferen Sinn, wenn wir uns nun zuletzt noch vor Augen führen, auf welche Weise Matthäus Lang auf seinem „magischen" Schemel in der Zwieseler Kirche saß. „Arschlings" zum Altar nämlich, was bedeutet, daß er dem Presbyterium den Rücken zukehrte. Weil aber der Altar christlicher Sakralbauten gewöhnlich im Osten des Kirchenschiffs liegt, blickte der Mühlhiasl nach Westen.

Diese Ausrichtung des Schauens hat aber nun wiederum in der heidnischen Tradition etwa der Kelten eine ganz besondere Bedeutung. Man blickt so nämlich „mit" dem Sonnen- oder Lebenslauf, der im Osten (Geburt) beginnt und nach Westen (Tod – der in unserem Fall das spezielle Prophezeiungsziel des Matthäus Lang ist) weist, worauf in der Vollendung des Rings zurück nach Osten aus dem Verblühen die Wiedergeburt wird. Dieser Kreislauf jedoch ist in der keltischen Mythologie der Dreifachen Göttin zugeordnet, die in ihren drei Personifizierungen eben für Jugend, Erwachsensein sowie den Tod und die aus ihm kommende Umwandlung steht. In der kosmischen Dimension der Großen Göttin aber verdreifacht sich dieser Dreiklang – und das ergibt die Zahl Neun, die speziell aus diesem Grund auch in der Zahl der Hölzer des Mühlhiasl-Hockers enthalten ist.

Matthäus Lang nutzte nicht nur die elektromagnetische Ausstrahlung seines Schemels und der alten Kirchenlokation sowie die besonderen astrophysikalischen Gegebenheiten der Mettennacht, sondern er brachte zusätzlich seinen Geist vermutlich mit Hilfe einer Meditation über die Neun in Einklang mit der Dreifachen Göttin in ihrer großen Dimension – was wiederum nichts anderes bedeutet, als daß er sich eine grundlegende kosmische Gesetzmäßigkeit bewußt machte. Damit aber erreichte der Seher mental das Kontinuum der Anderswelt oder „vierten Dimension", wo die Quelle des Prophetentums liegt. Und genau das – im Zusammenspiel mit den weiter oben aufgeführten radiästhetisch wirksamen Komponenten – ermöglichte ihm jene Zukunftsschau in der Kirche von Zwiesel, die spektakulär gewesen sein muß, weil die Erinnerung an sie über zwei Jahrhunderte hinweg im Gedächtnis der Menschen haften geblieben ist.

Betrachtet man nun weitere „Legenden", die sich um den Mühlhiasl ranken, dann ergeben sich ähnlich verblüffende Resultate. So ist zum Beispiel folgende Geschichte überliefert, die wiederum ganz eindeutig auf sein Wissen um die Verbindung von Geophysik und vorchristlicher Metaphysik hindeutet:

„Da ist einmal der Stormberger (Name des Matthäus Lang im Zwieseler Winkel) in der Mettennacht in der Au (Frauenau) drüben einen Kreuzweg gestanden. An dieser Stelle sind früher die Toten nach Zwiesel herausgefahren und noch einmal abgesetzt worden. Er hat einen Kreis um sich herum gemacht und da hat er sich hineingestellt. Und da ist es dahergekommen: wilde Viecher, Schlangen, Bierfässer. Was es nur gegeben hat, ist auf ihn zu. Er freilich ist aus seinem Kreis nicht herausgegangen. Auf einmal ist ein graues Männlein dahergekommen und hat ihn gefragt: 'Was willst du denn wissen? Den Lebenslauf oder den Weltenlauf?' – 'Den Weltenlauf', hat er gesagt, 'möchte ich wissen!' – 'Mußt du alles wissen?' hat das Manderl auf ihn hingebissen. Danach hat es ihm eben den Weltenlauf gesagt."

Wieder ereignet sich diese „Geisterbeschwörung" in einer Rauhnacht; neuerlich vollzieht sie sich an einem Ort, wo es mit Sicherheit Erdstrahlen gibt. Denn die alten Kreuzwege lagen fast unweigerlich auch am Schnittpunkt von unterirdischen Energieströmen, weil nämlich die Urpfade wegen des besseren Vorwärtskommens sehr oft den Hängen der Bachtäler (egal ob gerade wasserführend oder trocken) folgten. Wo sich aber zwei solcher Wege kreuzen oder gabeln, bündeln sich auch die verborgenen elektromagnetischen Linien – und deswegen sind solche Kreuzwege von alters her als besondere und oft unheimliche Orte bekannt.

Im geschilderten Fall kommt noch etwas hinzu: Der Kreuzweg, den der Mühlhiasl „stand", befand sich nämlich auch noch an einem Platz, wo man die Frauenauer Toten noch einmal absetzte, ehe man sie auf den Zwieseler Friedhof weitertransportierte. Solche „Absetzen" aber waren seit heidnischen Zeiten sakrale Stätten, an denen wiederum spezielle „magische" Kräfte wirkten. Indem man die Verstorbenen hier noch einmal kurz zur Erde setzte, sollte erreicht werden, daß ihre Seelen nicht mehr in ihre ehemaligen Häuser zurückkehrten. Anders ausgedrückt: Die Leichen wurden mit einem hier wirkenden Energiefeld in Kontakt gebracht, das ihren Geist quasi in die jenseitige Dimension „umpolte".

All dies war dem Mühlhiasl natürlich nicht fremd, als

er an jenem Platz, der sich in der Nähe der heutigen Schnapsbrennerei Hieke am Zwieseler Stadtrand befand, seinen Kreis zog. Konkret wird er auf diese Weise wohl die Grenzen des Kraftfeldes markiert haben, um so den bestmöglichen Standplatz für seine Absichten zu finden. Nachdem er sich ins Zentrum des von den unterirdischen „Wasseradern" gebildeten Energieknotens gestellt hatte, reagierte seine Psyche auf das in der Erde verborgene elektromagnetische Potential. Er „sah" die Manifestationen der pulsenden und wirbelnden Kraftfelder und beschrieb sie später anderen Menschen gegenüber in einer ihnen verständlichen Sprache als „wilde Viecher, Schlangen und Bierfässer". Mit den „Schlangen könnte er züngelnde Entladungen gemeint haben, mit den „Bierfässern" eine Art von dunklen Kugelblitzen, während die „wilden Viecher" vielleicht eine allgemeine „Bedrohung" ausdrückten.

Zuletzt, weil Matthäus Lang „den Kreuzweg stand" (sich gegenüber den im Energiekreis wirkenden und durchaus nicht ungefährlichen Kräften behauptete und damit deren „Strahlung" auf sich bündelte), erschien das „graue Männlein". Möglicherweise handelte es sich dabei um so etwas wie einen „Nebel von Avalon", also einen Dunstschleier, der nach uralter keltischer Überlieferung die Grenze zwischen Diesseits- und Anderswelt verbirgt, sie aber auch zu öffnen vermag. Für den Mühlhiasl tat sich damit die Pforte auf; weil er mental die „vierte Dimension" der Anderswelt erreicht hatte, wo die Zeitabläufe nicht mehr chronologisch definiert sind, vermochte er jetzt den Blick in die Zukunft – auf den „Weltenlauf" – zu tun.

Ähnlich wird es sich verhalten haben, wenn Matthäus Lang einen „Erdspiegel" benutzte, wie ebenfalls von ihm gesagt wird. Wieder spielen beim Einsatz dieses

54

geheimnisvollen „Instruments" Kreuzwege sowie bestimmte Tages- oder Jahreszeiten eine wichtige Rolle. Das „Erdspiegeln" könnte eine Methode des Prophezeiens gewesen sein, bei der über etwas Irdisches reflektiert (mit hellseherischem Geist nachgedacht) wurde, um es in seinen künftigen Auswirkungen (geistige Spiegelung eines gegenwärtig noch realen, erdverhafteten Geschehens in die Zukunft) zu begreifen.

Das sind freilich beileibe keine Erkenntnismethoden mehr, wie man sie einem schlichten Gemüt zutrauen würde. Daß der Mühlhiasl kein unbedarfter „Hinterwäldler" war, wissen wir allerdings bereits. Nach Kenntnis der eben behandelten „magischen" Praktiken stellt sich aber um so zwingender die Frage, wo denn nun eigentlich die tiefsten Wurzeln seines „Geheimwissens" liegen?

War der Mühlhiasl
ein „überlebender" Druide?

„1976 zeigte das Waldmuseum Zwiesel eine (...) Sonderausstellung 'Hellseher unserer Heimat'. Unter den Exponaten befand sich auch ein 'Wachstecken', den Walter Fenzl aus Bodenmais vor Jahrzehnten im Rabensteiner Schloß gefunden hatte und von dem die alten Rabensteiner sagten, er sei der Hirtenstecken des Stormberger (also des Mühlhiasl; Anm. d. V.) gewesen. Der Stock, heute noch im Waldmuseum zu bestaunen, ist am Griff mit abwehrenden und schützenden Sinnbildern beschnitzt, mit einem Hundekopf, dem Antlitz Christi und dem Gekreuzigten."
So schreibt Dr. Haller in seinem Werk „Mühlhiasl – Vom Leben und Sterben des Waldpropheten". Und wenn es auch verdienstlich ist, daß er an den Hirtenstab des Mühlhiasl erinnert, so irrt er bei der Interpretation der Schnitzereien auf ähnlich gravierende Weise wie im Fall seines Gemüsegärtners Mathias Lang aus Straubing. Verfügt man nämlich über das nötige Hintergrundwissen, wird schnell klar, daß der Mühlhiasl keineswegs im Schutz einer „Dreifaltigkeit", bestehend aus Christuskopf, Gekreuzigtem – und dazu ausgerechnet einem Hund, durch die Gegend am alten keltischen Götterberg Rabenstein wanderte.
Vielmehr handelt es sich bei dem Stock, den Matthäus Lang benutzte, um ein Symbol des vorchristlichen keltisch-germanischen Lebensbaumes, wie sich zweifelsfrei herausstellt, wenn man sich die drei Schnitzereien etwas genauer ansieht. Unten am vertikalen Teil des Griffs wächst ein menschlicher Kopf aus dem Holz – ein Leben wird damit an dieser Stelle und zu

Beginn eines Kreislaufes geboren. Darüber steht nun ein erwachsener Mann mit einem (bei glattem Kinn) auffallend großen und für eine Christusfigur völlig atypischen Schnauzbart (wie hochstehende Kelten ihn trugen). Zudem ist dieser Mensch keineswegs an ein (gar nicht vorhandenes) Kreuz geschlagen, sondern trägt mit der einen Hand den horizontalen Teil des Griffs (und damit den mittleren Abschnitt des menschlichen Lebens), während der andere Arm in Richtung des Hundekopfes weist, der sich am Ende der Griffkrücke befindet. Die drei Köpfe wiederum haben genau den gleichen Abstand zueinander, so daß sich – sofern man eine gedachte Linie vom Hundeschädel zurück zum „Geburtskopf" zieht – ein gleichseitiges Dreieck ergibt.

Dies jedoch ist erneut exakt der Lebenskreislauf, der im Keltischen auch durch das Bild der Dreifachen Göttin dargestellt wird, welche in ihrer ersten Erscheinungsform eine junge Frau, in der zweiten Mutter und in der dritten Greisin ist. Der alten Frau, die um den Tod weiß und ihn in die Wiedergeburt umwandelt, ist nun aber sehr oft der „Todeshund" beigesellt oder kann sogar an ihrer Stelle stehen – und genau deswegen erscheint er als dritte Station des Lebens auch auf dem Mühlhiasl-Stock. Er vollendet den Kreislauf, und nur so fügt er sich logisch in das gesamte Ensemble des Schnitzwerkes ein – während er nach der Interpretation Hallers im Zusammenhang mit einem Jesuskopf und einem Gekreuzigten direkt als Lästerung des christlichen Gottes gesehen werden müßte.

Gerade dieser Hundekopf hatte aber nun für Matthäus Lang immense Bedeutung, weshalb die dritte Manifestation der Dreifachen Gottheit auf seinem Hirtenstab auch anders dargestellt ist als die beiden ersten. Der Mühlhiasl wählte beim Schnitzen des

Stockes das Bild des Tierschädels statt dem eines Greises, um den Bereich des Todes (und damit des Hinüberschreitens oder Hineinschauens in die Anderswelt, wo die Zukunft verborgen ist) gegenüber den vorhergehenden Aspekten hervorzuheben. Und das ist im Fall des Matthäus Lang ja auch nur logisch, denn als Hellseher war er schließlich an dieser Perspektive am allermeisten interessiert.

Der „Wachstecken" aus Rabenstein ist infolgedessen nicht nur eine Art Wappenstab des Mühlhiasl gewesen, der ihn den Eingeweihten als Propheten kenntlich machte, sondern er ist zugleich der Schlüssel zum Begreifen der wahren geistigen Herkunft des Matthäus Lang. Wenn der Mühlhiasl nämlich so zutiefst keltische Symbole verwendete wie den Lebensbaum, auf dem die heidnische Dreifache Gottheit sichtbar wird, dann kann auch der Träger selbst nichts anderes als ein Anhänger der uralten keltischen Weltanschauung gewesen sein!

Dies wird um so wahrscheinlicher, wenn wir uns jetzt noch einmal daran erinnern, daß heidnisch-keltisches Denken schließlich gerade im Bayerischen Wald noch sehr viel länger als anderswo in breiten Bevölkerungsschichten lebendig blieb. Es existierte weit über die bis ins 10., 11. Jahrhundert nur unvollkommen durchgesetzte Christianisierung hinaus und noch bis herauf in die Neuzeit, wo heidnisches Gedankengut dank der „Hexen" und anderer Eingeweihter nach wie vor wirkte. Diese alte Weisheit geht nun aber letztlich auf die Druiden zurück: auf die großen Naturphilosophen, Ärzte, Lehrer – und Hellseher (Vates) der Kelten.

Sie, die „Dru Wid" oder „Großen Wissenden" hatten schon vor Jahrtausenden jene geistigen Pfade beschritten, welche zum Begreifen der verborgenen naturwissenschaftlich-metaphysischen Gesetze und

damit unter anderem auch zur ernsthaften Zukunftsschau führten. Nach dem Ende der keltischen Ära
war dieses Wissen von Generation zu Generation im
Untergrund weitergegeben worden, bis es irgendwann in der zweiten Hälfte des 18. Jahrhunderts auch
an Matthäus Lang kam. Nur weil er aus dieser Quelle schöpfen konnte, vermochte der Mühlhiasl seine
erstaunlichen Prophezeiungen abzugeben, die ihn
um Jahrhunderte überdauerten und beweisbar eintra-
fen - er war also tatsächlich ein „überlebender" Druide!

Damit löst sich jetzt gleich noch ein weiteres Rätsel
seines Lebens: das seines immer wieder gespannten
Verhältnisses zur katholischen Kirche und christlichen Symbolen.

Wie der Straubinger Mühlhiasl-Forscher Dr. Rupert
Sigl bereits vor geraumer Zeit herausfand, bewahrt
eine Deggendorfer Familie bis heute ein sehr altes
gotisches Kruzifix auf. Durch einen gewissen Pfarrer
Lecker, der in den 30er Jahren Pfarrprovisor in Hunderdorf war, ist dokumentiert, daß es einst in der
Apoiger Mühle hing. Dort kam es, wie Pfarrer Lecker
von den Müllersleuten außerdem erfuhr, zwischen
Matthäus Lang und seinem Bruder zu einem Streit. In
dessen Verlauf riß der Mühlhiasl das Kreuz von der
Wand und schlug damit dermaßen wild auf seinen
Verwandten ein, daß der Korpus des Gekreuzigten
zerbrach.

Dieses Verhalten aber stellt einen wichtigen Hinweis
auf die Differenzen zwischen Matthäus Lang und
dem katholischen Klerus dar. Weil nämlich ganz
gewiß kein gläubiger Christ ausgerechnet ein geweih-
tes Kreuz als Schlagwerkzeug verwendet hätte, haben
wir hier einen zusätzlichen Beweis dafür, daß der
Mühlhiasl heidnisch dachte und ihm ein hölzerner
Kruzifixus daher nichts bedeutete.

Ähnlich verhielt es sich bei seinem Versuch, die Windberger Kanzel zu besteigen. Es ging ihm auch hier einzig um den geophysikalischen Kraftort, während ihm die sakrale Stätte gleichgültig war, und nicht anders war es bei einer weiteren Auseinandersetzung mit dem Zwieseler Pfarrer, die ebenfalls überliefert ist.

Nachdem er in der Mettennacht (und wohl noch vor Beginn des christlichen Gottesdienstes) in der Kirche geweissagt hatte, ging der Priester auf ihn los und jagte ihn davon – ebenso wie es Jahre zuvor die Windberger Mönche getan hatten. Neuerlich prallten offenbar heidnische und katholische Vorstellungen aufeinander, und dies ist vermutlich auch der wahre Grund für das „schändliche" Begräbnis des Matthäus Lang gewesen. Auf Betreiben des Zwieseler Pfarrers verscharrte man seinen Leichnam außerhalb der Friedhofsmauer, weil der heidnische Prophet nicht in christlich geweihter Erde ruhen sollte.

Andererseits ist es ebenso Tatsache, daß der Mühlhiasl selbst immer wieder die Kirche angriff. Voller Genugtuung sagte er den Windberger Prämonstratensern voraus, daß sie aus ihrem Kloster vertrieben werden würden, und in einer ganzen Reihe von Prophezeiungen kündigte er völlig unverblümt und ohne ein einziges Wort des Bedauerns sogar den Untergang der Kirche an, wie wir im folgenden Kapitel sehen werden.

Die kompletten Prophezeiungen des Mühlhiasl

(Zitiert nach Friedl, Landstorfer, Haller,
Bekh und Silver)

*Eine Zeit kommt, wo die Welt abgeräumt wird und die
Menschen wieder wenig werden.*

*Wenn ihr wüßtet, was euch, euren Kindern
und Kindskindern bevorsteht, ihr würdet
in Schrecken vergehen.*

*Wird ein großer Krieg kommen.
Ein Kleiner fängt ihn an und ein Großer,
der übers Wasser kommt, macht ihn aus.*

*Da wird aber zuerst eine Zeit sein, die dem großen Krieg
vorausgeht und ihn herbeiführt.*

*Wenn die Bauern mit gewichsten Stiefeln in die Miststatt
hineinstehen.*

*Wenn sich die Bauersleut` gewanden wie die Städtischen
und die Städtischen wie die Narren.*

*Wenn erst die Rabenköpf` kommen.
Wenn Männerleut` rote und weiße Hüte aufsetzen,
und d`Leut` rote Schuh` haben.
Wenn d` Weiberleut` daherkommen wie die Gäns`
und Spuren hinterlassen wie die Geißen.*

*Wenn man Männlein und Weiblein zuletzt nicht mehr
auseinanderkennt, nachher ist`s nimmer weit.*

Wenn die Arschlingsköpfe und die roten Dächer kommen,
dann dauert`s nimmer lang.

Wenn d` Bauersleut' lauter Kuchen fressen.
Wenn d'Bauersleut' Hendl und Gäns selber fressen.
Wenn d' Bauern alle Grenzraine umackern
und alle Hecken aushauen.

Wenn alles drunter und drüber geht.
Nachher ist die Zeit da.

Wenn die schwarze Straß' von Passau heraufgeht.
Wenn die schwarze, eiserne Straß' über die
Donau herüberkommt und ins Böhm hineinläuft.
Wenn im Vorwald eine eiserne Straß' gebaut wird.

Wenn der eiserne Hund die Donau heraufbellt.

Wenn d'Leut' in der Luft fliegen konnen.

Wenn die Wägen ohne Roß und Deichsel fahren.
Wenn die meisten Leut' mit zweiradeligen Karren fahren,
so schnell, daß kein Hund mitlaufen kann.

Wenn man Winter und Sommer
nimmer auseinanderkennt,
und wenn die kurzen Sommer kommen.
Nachher steht's nimmer lang an.

Zuerst kommen die vielen Jubiläen.
Überall wird über den Glauben gepredigt,
überall sind Missionen,
kein Mensch kehrt sich mehr dran.

Das Kreuz wird von der Wand heruntergeholt.

Die Pfarrer werden sich Hände und Gesichter
anrußen, damit man sie nicht erkennt.

Die Religion wird noch so klein, daß man's in
einen Hut hineinbringt. Der Glauben wird so dünn,
daß man ihn mit der Geißel abhauen kann.

Über den katholischen Glauben spotten
am meisten die eigenen Christen.

Den Herrgott reißen sie von der Wand
und sperren ihn im Kasten ein.

Kommt aber eine Zeit, da werden sie ihn wieder
hervorholen, aber es wird zu spät sein,
weil die Sach' ihren Lauf nimmt.

Wann es kommt? Eure Kinder werden es nicht
erleben, aber eure Kindskinder bestimmt.
Von Osten her wird es kommen
und im Westen aufhören.

Dann kommt der Krieg und noch einer,
und dann wird der letzte kommen.

Gesetze werden gemacht,
werden aber nicht mehr ausgeführt.

Das Gold geht zu Eisen und Stahl.
Um ein Goldstück kannst' einen Bauernhof kaufen.

S'Holz wird so teuer wie der Zucker, es langt aber.

Einerlei Geld kommt auf.

Geld wird gemacht, so viel, daß man's gar nimmer
kennen kann. Wenn's gleich lauter Papierflanken sind,
kriegen die Leut' nicht genug daran.

Sobald es angeht, ist einer über dem anderen.
Raufen tut alles. Wer etwas hat, dem wird's
genommen.

Dann geht's los wie das Donnerwetter in der Luft.

Wenn ihr in der Früh' aufsteht und schaut zum Fenster
hinaus, schauen's schon herein auf euch.
Denn sie kommen wie der Dieb in der Nacht.

Wenn einer noch nicht im grauen Rock drinnen ist,
kommt er nicht mehr hinein.

Die kleinen Kinder werden die Uniform
schon anhaben, grad nicht gar,
daß sie noch in der Wiege drinnen liegen.

Wilde Leut' kommen herein und vernichten alles.

In jedem Haus ist Krieg.
In den Städten geht alles drunter und drüber.
Kein Mensch kann mehr dem anderen helfen.

Sie werden sich Zäune ums Haus machen
und auf die Leut' schießen.

Die reichen und noblen Leut' werden umgebracht.
Wer feine Händ' hat, wird totgeschlagen.

Der Stadtherr läuft zum Bauern aufs Feld und sagt:
Laß mich ackern!
Der Bauer erschlägt ihn mit der Pflugreut'n.

Zuvor werden viele Häuser gebaut wie Paläste,
für die Soldaten, und dann werden einmal die
Brennesseln aus den Fenstern wachsen.

Das wird aber auch eine Zeit sein, da man
um 200 Gulden keinen Laib Brot bekommt.
Aber eine Not wird doch nicht sein.

Wenn also das alles sich eingestellt hat,
dann nunmehr, dann kommt's.

Die Kleinen werden groß und die Großen klein,
und da wird es sich erweisen, daß der Bettelmann,
wenn er aufs Roß kommt, nicht zu derreiten ist.

Ein strenger Herr kommt ans Ruder
und zieht den armen Leuten die Haut ab.
Er wird aber nicht lange regieren.

Deutschland wird eine große Macht sein,
daß sie noch nie so groß war. Und wird wieder
so klein, daß sie noch nie so klein war.

Dann wird's wieder losgehen und wird schrecklich.

Jeder wird einen anderen Kopf aufhaben,
und eins wird das andere nicht mehr mögen.

Der Bruder wird den Bruder nicht mehr kennen
und die Mutter die Kinder nicht.

Zwei Holzhauer sitzen auf einem Stock
und dürfen einander nicht trauen.

Gesetze werden gemacht, die niemand mehr
achtet, und Recht wird nimmer Recht sein.

Keiner denkt daran, daß die Geißel Gottes kommt.
D'Rotjankerl werden auf den neuen Straßen her
nkommen. Aber über die Donau kommen's nicht.

Soviel Feuer und Eisen hat noch keiner gesehen.

Kommt aber auch wieder eine gute Zeit, und die Leute
werden fressen und saufen vom Überfluß.

Nach dem Krieg meint man, Ruh' ist,
ist aber keine.

Die hohen Herren sitzen zusammen
und machen Steuern aus.

Es werden große Häuser gebaut werden.
Aber die Besitzer möchten gern mit dem Häuselmann
tauschen, weil solche Steuern kommen,
daß sie nicht einmal die Großen bezahlen können.

Nachher steht's Volk auf.

Der letzte Krieg wird der Bänkeabräumer sein.
Er wird nicht lange dauern.

Es wird so schnell gehen, daß kein Mensch es glauben
kann, aber es gibt viel Blut und Leichen.

Es wird so schnell gehen, daß einer, der beim Rennen zwei
Laib Brot unterm Arm hat und einen davon verliert, sich
nicht darum zu bücken braucht, weil er mit einem Laib
auch langt.

Aber dann werden sie Steine zu Brot backen
und Brennesseln essen.

Man wird sagen: Ich habe Graswurzeln gegessen.

Alles wird dann durcheinander sein.
Wer's überlebt, muß einen eisernen Kopf haben.

Es wird nichts helfen, wenn die Leute wieder fromm
werden und den Herrgott wieder hervorholen.
Sie werden krank, kein Mensch kann ihnen helfen.

Im ganzen Wald wird kein Licht mehr brennen,
und das wird lange dauern.
Es wird erst vorbei sein, wenn kein Totenvogel
mehr fliegt.

Danach sind wenig Leute. Zur Nacht zündet einer ein
Licht an, schaut, wo noch jemand eins hat.

Wer eine Kronwittstaude sieht, geht drauflos,
ob's nicht ein Mensch ist.

In dieser Zeit wird das Geld so knapp, daß man sich um
einen Goldgulden eine Kuh kaufen kann.

Wenn man an der Donau und im Gäuboden
eine Kuh findet, muß man ihr eine silberne Glocke a
nhängen. Einem Roß muß man ein goldenes
Hufeisen aufschlagen.

Im Wald drinnen krähen noch Gickerl.

Das Bayerland im besonderen wird verheert
und verzehrt von seinem eigenen Herrn.
Am längsten wird's stehn,
am schlechtesten wird's ihm gehn.

Das Böhmerland wird mit dem eisernen Besen ausgekehrt.

69

Der Fuhrmann haut mit der Geißel auf die Erde und sagt:
Da hat die Straubinger Stadt gestanden.

Nachher, wenn die Welt abgeräumt ist,
kommt eine schöne Zeit.

Die es überstanden haben, werden sich grüßen: Bruder,
lebst du auch noch?

Dann kannst du dir um ein goldenes
Zehn-Mark-Stückl einen Bauernhof kaufen
und um ein Zwanzig-Mark-Stückl eine Villa.
Aber zuerst mußt du auswandern.

Der erste Schub tut mit Freuden fort.
Der zweite geht auch noch gern.
Die Dritten aber wollen nicht mehr, weil man von den
Ersten nichts mehr hört und sieht.
Die letzten werden auf den Wagen gebunden.
Die müssen fort.

Die gehen in ein anderes Land, wo es warm ist.

Das wird nicht nur bei uns,
sondern auf der ganzen Welt so sein,
und Recht wird wieder Recht sein,
und der Friede wird tausend Jahre gelten.

Aber einmal – und das ist weit – wird man Sommer und
Winter nicht mehr auseinanderkennen,
und die Sonne wird nicht mehr scheinen.

Denn alles hat ein Ende, auch diese Welt.

Spezielle Prophezeiungen mit lokalem oder zeitlichem Bezug

Es nimmt seinen Anfang, wenn ein großer weißer Vogel oder Fisch über den Wald fliegt.

Wenn auf dem Zwieseler Kirchturm die Birkenbäume wachsen und so lang wie eine Fahnenstange geworden sind, geht's an.

Wenn das Korn reif ist, wird ein großer Krieg kommen.

In Lintach wird alles voll Häuser und Lehmhütten ang'schlöttet, nachher wachsen Brennesseln und Brombeerdörn zu den Fenstern heraus.

In den Glaserhäusern werden die Brennesseln zu den Fenstern herauswachsen.

An Klautzenbach vorbei wird der Eiserne Hund bellen.

Wenn die Fledermaus auf dem Geld erscheint, dann geht es zum großen Krieg.

In der Schwarzach wird eine eiserne Straß'n baut, wird aber nicht fertig.

Zwischen dem Schwarzen und dem Weißen Regen wird eine Straße gebaut, die nicht ganz fertig wird.

Wenn sie in Straubing die große Brücke bauen, so wird sie fertig, aber nimmer ganz; dann geht's los.

In Zwiesel wird ein Haus gebaut, wo die Fenster verkehrt
drinnen sind.

In Zwiesel werden so große Häuser gebaut,
daß man über die ganze Stadt drüberschaut.
Werden aber nicht lange stehen
und werden zerstört werden.

In Zwiesel werden sieben Geistliche sein,
und jeder wird eine Messe lesen.
Aber nur sieben Leut' werden sie anhören,
so wahr ich vom Totenwagen fall'!

Vom Hennenkobel bis zum Rachel wird man durch keinen
Wald mehr gehen müssen.

Wenn der Wald ausschaut wie dem Bettelmann sein Rock
und ebenso viele Löcher hat, dann kommt die Zeit.

Das Abräumen kommt, wenn der Buchinger-Name in
Rabenstein ausgestorben ist.

Über den Hennenkobel und den Falkenstein
werden sie kommen.

Über die Brücke vom Schwarzen Regen werden Soldaten
reiten.

Dann wird der Teufel ohne Füße und Kopf
über das Waldgebirge reiten.
Er wird alle Farben haben und sein wie Glas.

Die Schwarzach-Mühle braucht kein Wasser mehr,
weil soviel Blut daherschwimmt.

Ein rauschendes Blutbachl wird getal rinnen,
das wird die morschen Mühlenräder aufschrecken,
die im Geröll ausgetrocknet und in wildklunsigen Rinnen
erdürstet sind.

Die letzte Schlacht wird sein vom Kalten Baum
bis zum Schwarzen Wasser, dort, wo die Kirch'n verkehrt
steht.

Die letzte Schlacht ist bei der Neuerner Trat.

Die Leut' vom Forellenwasser,
die sich am Fuchsenriegel und am Falkenstein verstecken,
werden gut überdauern.

Versteckt euch in den Wäldern im Perlbachtal
und beim Buchberg, auf der Käsplatt'n
bei Englmar und im Bergwerk zu Bodenmais;
im Gäu draußen in den Kornmanndeln.

Die wenigen, die übrigbleiben, werden sich
schutzsuchend aus der ganzen Umgebung
innerhalb der Windberger Klostermauer sammeln.

Hinter einer Arschlingskirche, wo der Altar nach Osten
schaut, unter zwei Lindenbäumen,
da kommen sie zusammen die Großen.
Sie geben einander die Händ' und sagen:
Was haben wir angefangen!

Welche Vorhersagen sind bereits eingetroffen?

Im Prinzip kann jedermann über die Zukunft speku-
lieren, doch nur, wenn solche Vorhersagen sich später
auch als wahr herausstellen, gilt der Betreffende
tatsächlich als Prophet. Diese Meßlatte muß selbstverständlich auch auf den Mühlhiasl angewendet
werden, weshalb seine um das Jahr 1800 herum abge-
gebenen Schauungen nunmehr kritisch auf ihren realen Gehalt hin untersucht werden sollen.

*„Es nimmt seinen Anfang, wenn ein großer weißer Vogel
oder Fisch über den Wald fliegt"*, sagte Matthäus Lang
beispielsweise voraus.

Diese Prophezeiung wird sehr konkret, wenn man
weiß, daß im Dezember 1870 in der Nähe von Zwiesel ein abgetriebener französischer Fesselballon nie-
derging. Es war die Zeit des deutsch-französischen
Krieges, an dessen Ende 1871 die Gründung des
Deutschen Kaiserreiches stand. Dessen Großmacht-
politik aber führte letztlich zu den beiden Weltkriegen, so daß in der Tat die Katastrophen des 20. Jahrhunderts genau zu jenem Zeitpunkt ihren Anfang
nahmen, den der Mühlhiasl prophezeit hatte.

Weiter heißt es: *„Wenn auf dem Zwieseler Kirchturm die
Birkenbäume wachsen und so lang wie eine Fahnenstange
geworden sind, geht's an."*

Dies bewahrheitete sich 1914. Im Frühjahr dieses Jahres wurden die Bäume hinter dem Umlauf oben auf
dem Kirchturm sichtbar, im Sommer brach der Erste
Weltkrieg aus. Und es war – wie auch zu Beginn des
Zweiten Weltkrieges – die Jahreszeit *„wenn das Korn
reif ist..."*

Ebenso traf die folgende Prophezeiung ein: *„Wenn die*

Fledermaus auf dem Geld erscheint, dann geht es zum großen Krieg."
Denn kurz vor Ausbruch des Zweiten Weltkrieges zeigten neue Geldscheine der Nazi-Diktatur einen arg mißlungenen Reichsadler, der an eine Fledermaus erinnerte.

Ähnlich verhält es sich mit Schauungen, die Matthäus Lang im Zusammenhang mit Eisenbahn- oder Straßenbauten hatte, wenn er von (zu seinen Lebzeiten noch unbekannten) eisernen oder schwarzen Straßen redete, welche in den Wald hineinführen würden und teils nicht mehr fertiggestellt werden könnten, ehe „es losgehe". Auch dies stellte sich nicht nur einmal auf frappierende Weise als wahr heraus – mehrere solche von ihm geographisch ganz genau bezeichnete Projekte wurden nachweislich mit Ausbruch des Ersten oder Zweiten Weltkrieges gestoppt. Ebenso gilt dies für die Straubinger Donaubrücke, die in einem der Wahrworte des Mühlhiasl auftaucht.

Sehr präzise ist auch die Prophezeiung *„Wird ein großer Krieg kommen. Ein Kleiner fängt ihn an und ein Großer, der übers Wasser kommt, macht ihn aus."*
Damit kann nur der Erste Weltkrieg gemeint sein, der bekanntlich mit einer Aggression (dem Attentat von 1914 auf den österreichischen Thronfolger in Sarajewo) von Bürgern des kleinen Landes Serbien begann. Beendet wurde das Völkermorden 1918 durch das Eingreifen der USA, einer Großmacht, deren Truppen zunächst den Atlantik überqueren mußten, ehe sie in Europa militärisch aktiv werden konnten.

Sehr zutreffend ist ebenso das Mühlhiasl-Wort: *„Geld wird gemacht, so viel, daß man's gar nimmer kennen kann. Wenn's gleich lauter Papierflanken sind, kriegen die Leut' nicht genug daran."*
Im Nachhinein erkennt man die Inflationszeit zwischen den beiden Weltkriegen, als die Menschen mit

ganzen Taschen voller wertloser Scheine in die Geschäfte rannten, um für diese Unsummen zumindest die nötigsten Lebensmittel zu kaufen. Und sie konnten wirklich nicht genug von dem Inflationsgeld bekommen, weil nämlich ein einziges Brot zuletzt Abermillionen kostete und die Preise täglich weiter stiegen.

Oder: *„Die kleinen Kinder werden die Uniform schon anhaben, grad nicht gar, daß sie noch in der Wiege drinnen liegen."*

Dies war der Fall während der Nazi-Diktatur, als man bereits die „Pimpfe", schulpflichtige Kinder, in die Uniformen der „Hitlerjugend" steckte. Zu Lebzeiten des Matthäus Lang hingegen gab es noch nicht einmal eine allgemeine Wehrpflicht, sondern nur kleine Berufsarmeen, und daß Kinder dort gedient hätten, war unvorstellbar.

Weiter heißt es beim Mühlhiasl: *„Ein strenger Herr kommt ans Ruder und zieht den armen Leuten die Haut ab. Er wird aber nicht lange regieren."*

Hier kann nur Hitler gemeint sein, der unversehens an die Regierung kam und dessen KZ-Schergen tatsächlich Menschen abhäuteten, um Lampenschirme aus dem unsäglichen Material herzustellen. Der Verbrecher herrschte in der Tat nicht lange – er brauchte „nur" zwölf Jahre Zeit, um als einer der schlimmsten Massenmörder der Menschheit in die Geschichte einzugehen.

Ganz offensichtlich über die gegenwärtige Zeit äußerte Matthäus Lang wiederum sehr treffend: *„Die hohen Herren sitzen zusammen und machen Steuern aus."*

Wer denkt da nicht sofort an die Bonner Kohl-Regierung und Finanzminister Waigel, der bei der Bevölkerung längst in den Ruf geraten ist, ständige Steuererhöhungen als Allheilmittel angesichts der prekären Finanzlage des Bundes anzusehen.

Was die Umwelt betrifft, so sagte der Prophet: *„Vom Hennenkobel bis zum Rachel wird man durch keinen Wald mehr gehen müssen."*

Auch das ist mittlerweile weitgehend eingetroffen: ein brutales Abholzen des Bayerischen Waldes weit über die Vorstellungswelt des Jahres 1800 hinaus, als starke Rodungen höchstens im Umfeld der Glashütten stattfanden.

Schließlich eine Vorhersage des Matthäus Lang über den christlichen Glauben: *„Die Religion wird noch so klein, daß man's in einen Hut hineinbringt. Der Glauben wird so dünn, daß man ihn mit der Geißel abhauen kann."*

Die beiden (noch) großen christlichen Kirchen in Deutschland klagen seit Jahren über rapiden Mitgliederschwund, und so mancher Bischof äußerte inzwischen öffentlich, daß die christliche Religion in absehbarer Zeit nur noch ein Schattendasein in Europa fristen werde. Auch so etwas wäre vor 200 Jahren gerade in Bayern (trotz der damaligen Aufklärung) undenkbar gewesen; zu jener Zeit schien die Kirche noch unerschütterlich dazustehen.

Vieles, was der Mühlhiasl vorhersagte, ist also nach seinem Tod eingetroffen, und wer seine Prophezeiungen über den Rahmen dieses Kapitels hinaus abklopft, wird zusätzlich fündig werden. Das aber zeigt, daß Matthäus Lang einer der ganz großen Hellseher war – womit natürlich auch seine Schauungen, die über das Jahr 2000 hinausreichen, hochinteressant werden.

Ein Szenario des neuen Jahrtausends und des „Großen Weltabräumens"

Streicht man von den Prophezeiungen diejenigen weg, die bereits eingetroffen sind, beziehungsweise im Rahmen des Kanons dazu dienen, solche Geschehnisse zeitlich oder räumlich zu definieren, dann bleibt ein beklemmendes Szenario übrig. Es soll nun eine Deutung dieser noch ausstehenden Visionen des Mühlhiasl versucht werden.

„Eine Zeit kommt, wo die Welt abgeräumt wird und die Menschen wieder wenig werden." So lautet der berühmte Satz des Matthäus Lang, der sich ganz offensichtlich auf eine noch nie dagewesene Menschheitskatastrophe bezieht.

Historisch ordnet der Mühlhiasl dieses „Große Weltabräumen" folgendermaßen ein: *„Dann kommt der Krieg und noch einer, und dann wird der letzte kommen."* Zweifelsfrei sind mit den beiden ersten Kriegen die von 1914/18 und 1939/45 gemeint, so daß wir uns gegenwärtig direkt in der Epoche vor dem dritten befinden würden.

Nun stellt sich freilich die Frage, ob es sich tatsächlich „nur" um einen Dritten Weltkrieg handelt, oder ob die Prophezeiung vom *„Bänkeabräumer"* eventuell eine andere globale Katastrophe meint, in deren Gefolge noch zusätzlich ein Krieg ausbricht. Verschiedene Details in den Weissagungen sprechen nämlich sehr wohl für eine solche Erklärung. So warnt Matthäus Lang zum Beispiel: *„Wenn der Wald ausschaut wie dem Bettelmann sein Rock, dann kommt die Zeit."* Oder: *„Wenn man Winter und Sommer nimmer auseinanderkennt, nachher steht's nimmer lang an."*

Dies aber sind sehr eindeutige Hinweise auf die gegenwärtige Umweltzerstörung, welche wiederum das Resultat des verantwortungslosen Umganges der Industrienationen mit der Natur und ihren Gesetzen ist. So werden etwa rücksichtslos die Regenwälder abgeholzt, was einen irreparablen Eingriff in Klima, Wasserhaushalt und allgemeine Ökologie unseres Planeten bedeutet. Keine der bisherigen internationalen „Umweltkonferenzen", die in Wahrheit nichts als Farcen waren, schaffte es, ernsthafte Maßnahmen dagegen oder gegen die immer dramatischer sich ausweitenden Ozonlöcher zu ergreifen. Aus diesem Grund geraten die Jahreszeiten tatsächlich immer mehr durcheinander und sieht der Tropenwald ganzer Subkontinente wahrlich bereits aus wie ein „durchlöchertes Gewand".

Die „Süddeutsche Zeitung" veröffentlichte am 5./6. Januar 1998 zu diesem Thema die *Prophezeiung von der Ankunft des weißen Mannes"*, die seit Jahrhunderten bei den nordamerikanischen Dakota-Indianern lebendig ist: *„Wenn die Fremden kommen, wird das Wasser trüb, und die Büffel werden geschlachtet. Danach wird der Himmel sich verdunkeln. – Schließlich kamen die Weißen, suchten in den Flüssen nach Gold und trübten das Wasser. Die Fische starben und später die Büffel."* „Und jetzt", sagt ein heute lebender Dakota, „verdunkelt sich auch der Himmel über den Kraftwerken und Städten." Denn zuerst hätten die Weißen, in deren Innerem ein Vakuum herrsche, die Büffel getötet und die Indianer umgebracht – und nun hätten sie auch das Land verseucht!

Eine ähnlich eindringliche Warnung kommt von der Schwäbischen Alb und kann vielleicht ebenfalls erhellen, was der Mühlhiasl mit dem „Großen Weltabräumen" meinte.

In der Nähe von Heuchlingen (südlich von Heidenheim) liegt die „Quelle im Hungerbrunnental", und mit ihr ist seit Menschengedenken eine Überlieferung verbunden: Wann immer der Born besonders stark sprudle, ereigne sich eine Katastrophe. Dies war 1914 und dann wieder 1939 der Fall. Seit 1986 jedoch, dem Jahr des Reaktor-GAU von Tschernobyl, dringt ununterbrochen dermaßen viel Wasser hervor, daß sich mittlerweile ein starker Bach gebildet hat. Dies aber, so die Meinung vieler Nachdenklicher in Heuchlingen, zeige eine bevorstehende Menschheitskatastrophe bislang unvorstellbaren Ausmaßes an!

Dazu eine weitere Prophezeiung des Matthäus Lang, deren Sinn sich im Zusammenhang mit den Aussagen der Dakotas und dem Phänomen der Quelle auf der Schwäbischen Alb auf schreckliche Weise erhellen könnte: *„Von Osten her wird es kommen und im Westen aufhören. Dann wird der Teufel ohne Füße und Kopf über das Waldgebirge reiten. Er wird alle Farben haben und sein wie Glas."* Meinte der Mühlhiasl damit eine ungeheure chemisch-radioaktive Wolke, die aus Osteuropa kommt und große Teile des Kontinents verseucht? Könnte das damit verbundene millionenfache Sterben von einem zweiten Gau des Tschernobylreaktors ausgehen? Bekanntlich wurde der Unglücksreaktor 1986 schlicht mit Beton zugegossen, und diese Schale ist mittlerweile so brüchig, daß sie jederzeit bersten kann!

„Es wird so schnell gehen, daß kein Mensch es glauben kann, aber es gibt viel Blut und Leichen", prophezeit der Mühlhiasl weiter. Auch dies klingt eher nach einer Nuklearkatastrophe, statt nach einem globalen militärischen Konflikt. Denn keine Armee der Welt wäre aufgrund ihrer komplizierten Logistik imstande, innerhalb weniger Tage einen breitangelegten Großangriff unbemerkt aus dem Stand heraus durchzuführen. Wenn also Matthäus Lang von einem blitz-

schnellen Hereinbrechen des „Bänkeabräumers"
spricht, dann kann nur eine andere fürchterliche
Heimsuchung gemeint sein.

Die Ursache dafür müßte noch nicht einmal unbedingt erneut in Tschernobyl liegen. Auch anderswo,
vor allem in den USA, deren Wirtschaft derzeit nach
innen und außen aggressiv wie nie expandiert, wo
der Umweltschutzgedanke schon immer ein Schattendasein fristete und wo bereits in der Vergangen-
heit mehrere schwere Reaktorunfälle passierten,
könnte ein Atomkraftwerk oder gar eine atomare
Wiederaufbereitungsanlage kritisch werden. Gerade
dort könnte sich ein GAU ereignen, mit dem vergli-
chen der von 1986 in der damaligen UdSSR noch
„harmlos" war. Und ginge etwa eine Plutoniumfabrik
in Amerika hoch, dann könnten die radioaktiven
Wolken buchstäblich „in Windeseile" zunächst über
den Pazifik und dann über Asien nach Europa getragen werden, so daß sie ebenfalls von Osten kämen.

Auf jeden Fall gibt es in dieser ersten Phase des
„Weltabräumens" massenhaft Tote. Damit aber nicht
genug, denn anschließend bricht unter den Überlebenden eine Revolution aus. *„Nachher steht's Volk auf"*,
sagt der Mühlhiasl. *„In den Städten geht alles drunter
und drüber. Die Pfarrer werden sich Hände und Gesichter
anrußen, damit man sie nicht erkennt. Die reichen und
noblen Leut' werden umgebracht."*

Die Wut der Menschen, die auf einen Schlag alles ver-
loren haben, richtet sich offenbar gegen diejenigen,
welche in der untergegangenen Gesellschaft den Ton
angaben. Es sind die politischen, wirtschaftlichen und
geistlichen Führer samt ihren Zuarbeitern, deren Ver-
sagen man jetzt, da es zu spät ist, erkennt. Vielleicht
wird den Menschen nunmehr bewußt, daß letztlich
das Dogma des hemmungslosen Wirtschaftswachs-
tums um jeden Preis und auf Kosten der Natur zur

Katastrophe führte; daß aber auch die christliche Religion Mitschuld trug, weil sie von Jahrhundert zu Jahrhundert um der eigenen Macht willen mit den Herrschenden paktierte, statt sich auf die Seite des Volkes zu stellen und entschlossen vor verhängnisvollen Entwicklungen zu warnen.

In der dritten Phase des „Weltabräumens" schließlich scheint die allgemeine Verzweiflung in totale Anarchie umzuschlagen. *„Wilde Leut' kommen herein und vernichten alles"*, heißt es in den Prophezeiungen des Matthäus Lang. *„Raufen tut alles. Wer etwas hat, dem wird's genommen. In jedem Haus ist Krieg. Kein Mensch kann mehr dem anderen helfen. Sie werden sich Zäune ums Haus machen und auf die Leut' schießen. Jeder wird einen anderen Kopf aufhaben, und eins wird das andere nicht mehr mögen. Der Bruder wird den Bruder nicht mehr kennen und die Mutter die Kinder nicht."* Die letzten Reste von Menschlichkeit sind demnach der Katastrophe zum Opfer gefallen. Es sind Szenen, wie sie sich während der Bosnienkrieges abspielten, und dieses gegenseitige Abschlachten endet wohl erst mit totaler Erschöpfung der wenigen Überlebenden.

Was daraufhin geschieht, beschreibt der Mühlhiasl so: *„Danach sind wenig Leute. Zur Nacht zündet einer ein Licht an, schaut, wo noch jemand eins hat. Dann werden sie Steine zu Brot backen und Brennesseln essen."* Die kläglichen Reste der Bevölkerung vegetieren also wie das Vieh. Es sind diejenigen, die in abgelegenen Verstecken überlebt haben, *„am Fuchsenriegel und am Falkenstein"* zum Beispiel, und die sich (im niederbayerischen Raum) schließlich *„schutzsuchend aus der ganzen Umgebung innerhalb der Windberger Klostermauer sammeln."*

Die erschreckende Zukunftsschau des Matthäus Lang endet mit dem Bild einer Evakuierung von außen: *„Der erste Schub tut mit Freuden fort. Der zweite geht* *auch noch gern. Die Dritten aber wollen nicht mehr, weil man von den Ersten nichts mehr hört und sieht. Die letzten werden auf den Wagen gebunden. Die müssen fort."*

Zum Schluß dieser visionären Passage heißt es: *„Die gehen in ein anderes Land, wo es warm ist."* Und auch dieser Satz deutet noch einmal darauf hin, daß es sich beim „Großen Weltabräumen" vor allem um eine globale Umweltkatastrophe mit fürchterlichen Folgen für die Menschheit handelt. Denn Bayern mit seinem heute gemäßigten Klima ist jetzt offenbar nicht mehr bewohnbar, ist vielleicht zur Tundra oder gar zur Eiswüste geworden. Nur in einem solchen Fall nämlich macht es Sinn, die wenigen Überlebenden in ein warmes Land zu bringen: in eine andere Klimazone, wo menschliche Existenz noch möglich ist.

Dort, so sieht es aus, kann allmählich eine neue Zivilisation aufgebaut werden: eine Gesellschaft, die mit der Natur und damit auch sich selbst in Frieden lebt – *„und dieser Friede wird tausend Jahre gelten..."*

Die große Prophezeiung des Matthäus Lang endet mit einer Schau auf das „Weltenende" in sehr ferner Zukunft: *„Aber einmal – und das ist weit – wird man Sommer und Winter nicht mehr auseinanderkennen, und die Sonne wird nicht mehr scheinen. Denn alles hat ein Ende, auch diese Welt."* Mit dieser astrophysikalisch exakten Aussage, wonach die Sonne nicht mehr scheinen (also ihre Energie verlieren und erkalten wird), beweist der Mühlhiasl noch einmal sein tiefes Wissen, das hochmodern oder auch uralt – eben druidisch – ist.

Ist das „Weltabräumen" unausweichlich?

Was im vorangegangenen Kapitel gesagt wurde, klingt zweifellos schrecklich. Dies um so mehr, als der Mühlhiasl nachweislich ein ernstzunehmender Hellseher war und viele seiner Vorhersagen inzwischen bereits eingetroffen sind. Dennoch wäre es falsch, aufgrund seiner Schauungen – gerade über das „Große Weltabräumen" – in Panik zu geraten. Denn jeder, der sich ernsthaft mit dem Phänomen der Prophetie und seinen Hintergründen auseinandersetzt, weiß: Auguren wie Matthäus Lang sind eher Warner als zynische Weltuntergangspropheten.

Das verborgene Leben und die geheimen Kenntnisse des Mühlhiasl machen sehr deutlich, daß es sich bei ihm um einen Menschen handelte, der noch um das Jahr 1800 über druidisches Wissen verfügte. Wenn dies aber so war, dann schöpfte Matthäus Lang seine Erkenntnisse aus der Quelle der keltischen Anderswelt. Er war imstande, mental in diese „vierte Dimension" vorzudringen, die mit den drei bekannten verflochten ist und sie quasi (auch in die Zukunft hinein) „widerspiegelt". Führt man sich nun wiederum dieses Prinzip der Anderswelt vor Augen, dann wird eines klar: Sie „reagiert" auf die „Realität" und zeigt damit bevorstehende Möglichkeiten oder auch Wahrscheinlichkeiten, aber nie etwas Unausweichliches im Sinn eines vorbestimmten, unabdingbaren Schicksals auf.

Die Anderswelt ist also zumindest in diesem Bereich das Ergebnis des Denkens und Handelns der Menschheit in der Diesseitswelt. Anders ausgedrückt: Geht die Menschheit einen falschen Weg – ist sie zum Beispiel aggressiv, inhuman, intolerant und verfolgt zum Schaden der Natur rein materielle Ziele – so

„spiegelt" die Anderswelt die Entwicklungen, die sich aus einem solchen Verhalten ergeben, wider und „spielt" diese Entwicklungslinie in die Zukunft hinein fort. Bleibt die Menschheit sodann auf diesem Irrweg, dann wird das, was die Seher in der „vierten Dimension" erblickten, zur Realität auch in der Diesseitswelt.

So verhielt es sich im Fall der Prophezeiungen, die Matthäus Lang hinsichtlich des Ersten und Zweiten Weltkrieges abgab. Die Ursachen für diese Katastrophen waren ein übersteigertes Geltungsbedürfnis Deutschlands, Wirtschaftsneid anderer Nationen und Herrschaft nicht demokratischer Organisationen in großen Teilen Europas. Hinzu kamen im Fall der Nazis hochkriminelle Ziele der Regierenden und Militärs. Außerdem versäumten es mehrere Völker des Kontinents (nicht das deutsche allein), ihre Menschenrechte und damit humane Werte einzuklagen – was die beste Waffe gegen den Wahnsinn gewesen wäre.

Weil also Deutschland, aber auch Europa versagten, wurden die Menetekel des 20. Jahrhunderts möglich. Ebenso aber gilt natürlich umgekehrt, daß die beiden Weltkriege – auch wenn Matthäus Lang und andere Propheten sie schauten – hätten verhindert werden können, sofern es dem anständigen Teil der Menschheit gelungen wäre, das Ruder noch rechtzeitig herumzureißen. Dann wären die Aussagen des Mühlhiasl das geblieben, als was sie gedacht waren: eindringliche Warnungen vor einer furchtbaren Fehlentwicklung.

Es geht also in der Gegenwart darum, einer dritten globalen Katastrophe womöglich noch in diesem oder im nächsten Jahrhundert vorzubeugen. Dies kann sehr wohl gelingen, aber nur dann, wenn sich die Menschheit – und das heißt: die ganz normalen

Individuen wie du und ich – nicht wiederum aus ihrer Verantwortung stiehlt, sondern das, was sie bedroht, aktiv bekämpft. Wenn wir die momentane Situation betrachten, wird schnell deutlich, wo der Hebel angesetzt werden muß.

Die politische, gesellschaftliche und wirtschaftliche Situation auf unserem Planeten ist derzeit keineswegs positiv zu sehen, weil gerade nach dem Zusammenbruch der Ostblockstaaten eine neue Art von „Manchesterkapitalismus", verbunden mit Ellenbogenmentalität, Menschenverachtung, Unterdrückung der Schwachen und rücksichtsloser Zerstörung der Natur zu beklagen ist. Mehr und mehr schieben sich nackter Materialismus und Gewinnmaximierung um jeden Preis in den Vordergrund. Gewisse Medien tun auf zynische Weise und mit Hilfe primitivster amerikanischer TV-Serien oder Schundliteratur das ihre, um Millionen Zuschauer und Leser systematisch zu verdummen und geistig zu brutalisieren.

Anstand, Moral, Humanität, Achtung vor dem Leben und der Natur, Barmherzigkeit gegenüber den Benachteiligten und andere hinsichtlich der Wohlfahrt des Menschen unverzichtbare Werte dieser Art bleiben auf der Strecke. Ernsthaftes kulturelles Bemühen wird zugunsten von Scheinkunst und Scharlatanerie zunehmend für wertlos erachtet; allgemein geben Yuppies, Blender und Karrieresüchtige den Ton an, während diejenigen, die wichtige Arbeiten unaufdringlich und oft genug hoffnungslos unterbezahlt leisten, auf der Strecke bleiben.

Das sind nun in der Tat die Voraussetzungen, die zum „Großen Weltabräumen" führen werden, so wie der Mühlhiasl es prophezeit hat. Andererseits geben gerade demokratische Verfassungen und freie Gesellschaften ihren Bürgern die Mittel in die Hand, um das Verhängnis zu stoppen.

Politiker, die zu Werkzeugen von Großkonzernen geworden sind oder denen es nur noch um reine Machtausübung geht, können abgewählt werden. Zivilcourage und Bürgerinitiativen bieten sehr gute Möglichkeiten, um Amtsträger, aber auch Wirtschaftshaie auf den rechten Weg zurückzubringen. Nach wie vor werden kulturelle Veranstaltungen angeboten, die echten geistigen und menschlichen Gewinn bringen. Niemand ist gezwungen, Tag für Tag jene TV-Programme zu konsumieren, bei denen letztlich doch nur die Erinnerung an ununterbrochenes Umschalten bleibt; in Buchläden lassen sich künstlich gepuschte Bestseller übersehen. Wer immer will, kann im Verhältnis zur Natur einen Neuanfang machen; kann die stille Schönheit eines Waldes oder einer Wiese wieder für sich entdecken und seine Lehren daraus ziehen.

Wenn das aus solchem Verhalten entstehende Bewußtsein schließlich auch noch mit anderen – Verwandten, Nachbarn, Freunden oder zunächst noch Fremden – geteilt wird, wird es zu einem positiven Aufbruch der sogenannten postmodernen Gesellschaft kommen. Die derzeit drohende Fehlentwicklung, die zur Katastrophe führen muß, kann beendet werden. Die veränderte geistige Einstellung von Millionen Menschen wird sich dann auch in der andersweltlichen „Projektion" spiegeln – und in diesem Fall wird ein neuer Bayerwaldprophet für die Zukunft statt der fürchterlichen Visionen vom „Großen Weltabräumen" eine hoffnungsvolle Perspektive erkennen.

So gesehen, müssen wir dankbar dafür sein, daß der Mühlhiasl uns dermaßen drastisch aufschreckte. Denn gerade in seinen beklemmenden Warnungen liegt auch die Chance für eine Umkehr, zu der uns freilich nicht mehr viel Zeit bleibt!